일본을 바꾼 동일본 대지진

국립중앙도서관 출판시도서목록(CIP)

일본을 바꾼 동일본 대지진 /
박형준 지음
 - 서울 : 논형, 2012
   p. ;   cm

ISBN 978-89-6357-123-2 03300 : ₩13000

일본 사회[日本社會]

330.913-KDC5
952.04-DDC21   CIP2012000783

일본을 바꾼 동일본 대지진

박형준 지음

일본을 바꾼 동일본 대지진

초판 1쇄 인쇄 2012년 2월 15일
초판 1쇄 발행 2012년 2월 25일

지은이 박형준
펴낸곳 논형
펴낸이 소재두
등록번호 제2003-000019호
등록일자 2003년 3월 5일
주소 서울시 관악구 성현동 7-77 한립토이프라자 6층
전화 02-887-3561
팩스 02-887-6690
ISBN 978-89-6357-123-2 03300
값 13,000원

* 이 책은 삼성언론재단의 저술지원을 받아 출간되었습니다.

책을 펴내며

출동

2011년 3월 11일 오후 4시. 편집국 기자들의 방송 교육을 진행하고 있었다. 그해 1월 인사에서 편집국 경제부에서 방송설립추진단(방설단)으로 자리를 옮겼다. 방설단은『동아일보』의 종합편성채널인 '채널A' 설립과 방송 프로그램을 준비하는 부서였다.

"급히 임원실로 오라"는 연락을 받았다. 교육 도중 임원실로 뛰어갔다. 그곳에는 편집국장이 앉아 있었다. "형준아, 너 빨리 일본 가야겠다. 지금 바로 비행기 편 알아봐."

그때 처음 동일본 대지진 뉴스를 접했다. 동일본 앞바다에서 리히터 규모 9.0의 대지진이 일어났고 지진해일(쓰나미)이 일본 동부 해안을 덮쳤다는 내용이 TV 속보로 나오고 있었다. 바닷물이 육지로 밀려들어오는 모습, 집이 붕괴된 모습, 석유화학 공장이 불타는 모습이 반복적으로 TV에 나왔다.

『동아일보』에서 3명의 취재단이 꾸려졌다. 일본 연수를 끝내고 귀국한 지 얼마 되지 않는 스포츠레저부 선배 1명과 사진부 선배 1명도 함께 일본에 투입되었다. 도쿄 지국 특파원 선배 2명까지 합치면 모두 5명이 동일본 대지진 취재에 나섰다.

서울에서 출발하는 세 명은 두 개 팀으로 나눠 동선을 달리했다. 두 선배는 도쿄로 가 피해가 컸던 동북지방으로 올라오면서 취재하기로 했다. 나는 곧바로 쓰나미 직격탄을 맞은 센다이(仙台) 시로 가서 피해 상황을 취재하다가 선배들과 합류하기로 했다.

11일 저녁 늦게까지 기다렸지만 일본 공항은 모두 폐쇄되었다. 이튿날 인천공항에 오전 일찍부터 대기하다가 후쿠시마(福島)행 비행기를 잡아탔다. 역사적 현장 속으로 뛰어든 것이다.

암흑

12일 오후 11시, 센다이에 도착했다. 후쿠시마 공항에는 같은 날 오후 1시경 도착했는데 센다이로 가는 길이 꽉 막히면서 택시로 10시간을 달렸다.

당시 센다이는 암흑에 빠져 있었다. 정전으로 시내에 불빛이 사라졌다. 하지만 역사적 현장에 온 터라 곧바로 호텔로 직행할 수는 없었다. 센다이 역에서 도보로 약 10분 거리인 히가시로쿠방초(東六番町) 초등학교에 마련된 피난소로 갔다. 주민 1,000여 명이 모여 있었다. 달빛에 의존해 피난처에 있는 일본인 서너 명을 만나 인터뷰했다.

피난처 상황은 열악했다. 노인들은 모포 1장에 의지해 의자에 앉아 잠을 청하고 있었다. 음식은 아침과 저녁에 오니기리(주먹밥) 1개씩만 제공되었다. 다행이 살수차가 물을 가득 싣고 와 배급했기 때문에 물은 모자라지 않았다고 한다.

피난처를 둘러보자 자정이 가까워졌다. 더 이상 취재는 어려웠다. 다행히 피난소 바로 옆에 호텔이 있었다. 자가발전기가 있었기에 불은 들어왔지만 난방과 수도 공급은 되지 않았다. 샤워를 못하는 것은 문제되지 않지만 용변을 보기 힘들다는 게 마음에 걸렸다. 하지만 선택의 여지가 없었다. 숙박료의 50%를 할인받아 2,400엔을 지불하고 8층 방까지 걸어서 올라갔다.

3월이었지만 영하의 날씨였다. 옷을 입은 채로 이불 속으로 들어갔다. 춥기도 했거니와 강한 지진이 오면 재빨리 호텔 밖으로 뛰쳐나와야 하기 때문이다. 하지만 이불을 머리끝까지 뒤덮어써도 추웠다. 결국 호텔 카운터로 가서 이불을 한 장 더 받아 덮고서야 간신히 잠들 수 있었다.

긴급 대피

취재 닷새째인 3월 16일 오후 도쿄 지국에서 연락이 왔다. "센다이보다 더 북쪽으로 대피하라." 센다이는 원전 문제가 불거진 후쿠시마로부터 100km 가까이 떨어져 있다. 일본 정부는 원전에서 30km 이내 주민들에게 대피 혹은 옥내 거주를 명령했다. 거리상으로 보자면 센다이는 안전했다.

하지만 후쿠시마 원전 문제가 갈수록 심각해졌다. 소규모 폭발이 일어났고 방사성 물질도 새어나와 통제 불가능한 상태였다. 방사성 물질은 공기를 따라 이동하기 때문에 바람의 방향이 중요하다. 당시 바람이 북쪽으로 불고 있었기 때문에 후쿠시마보다 북쪽인 센다이는 매우 위험한 지역이었다.

기사 송고를 서둘러 끝내고 선배 2명과 함께 오후 늦게 센다이를 떠났다. 목적지는 기타카미(北上) 시로 잡았다. 센다이에서 북쪽으로 약 130km 떨어져 있는 내륙도시다. 그곳을 베이스캠프로 삼으면 1시간 이내에 승용차로 여러 쓰나미 피해지에 도착할 수 있었다.

고속도로에 올라서자 눈발이 날렸다. 기분이 묘했다. 전쟁터에서 피난가는 느낌이랄까…. '이미 방사성 물질에 피폭되어 유전자 변형이 생긴 게 아닐까' 하는 걱정이 몰려왔다. 서울에 있는 가족도 눈앞에 아른거렸다. 하지만 선배들과 함께 있다는 점이 크나큰 위안이었다. 혼자서 기타카미로 이동하고 있었다면 공포심은 몇 배 더 컸을 것이다.

한창 고속도로를 달리고 있는데 도쿄 특파원 선배의 전화가 또 왔다. 밤 10시쯤 된 시간이었다. "기타카미로 옮겨 하룻밤 잔 후 곧바로 서울로 귀국하라. 귀국 때는 후쿠시마에서 멀리 떨어져 있는 공항을 이용하라. 그리고 박형준은 도쿄 지사로 보내 특파원들을 돕게끔 하라"는 내용이었다.

그 전화를 끊고 모두 말이 없었다. 선배들은 후배 한 명을 사지(死地)에 남겨두는 것을 미안해했다. 나는 두려움에 떨어 할 말을 잃었다. 일본에 있던 외국인들의 '일본 탈출'이 이어지고 있던 때였다. 한국에서 일본으로 급파된 취재기자들도 대부분 귀국했다. 그런데 나는 일본에 남아 도쿄로 가다니….

방사능 비

18일 도쿄『동아일보』지사로 왔다. 두 특파원 선배들이 반갑게 맞아주었다. 선배들은 "죽어도 같이 죽는다. 외롭지 않을 것이니 걱정하지 말라"고 했다. 농담이지만 당시는 농담처럼 들리지 않았다. TV에서는 후쿠시마 원전에서 흰 수증기 같은 연기가 피어오르는 모습이 반복적으로 나왔다. 연기에는 분명 방사성 물질이 섞여 있을 것이라고 생각했다.

『동아일보』도쿄 지사에 있으니 "지금 도쿄에 있어도 문제없느냐"고 묻는 교포들의 전화가 빗발쳤다. 제대로 대답하기 위해선 먼저 현장 기자들부터 중심을 잡아야 했다. 모든 자료를 종합한 결과, '비만 맞지 않으면 괜찮다'고 판단했다. 비를 맞는 것은 고농축 방사성 물질에 몸을 맡기는 것이어서 지극히 위험했다. 일본인들은 "방사성 비를 조심하라"는 말을 인사처럼 할 때였다.

하지만 3월 21일 도쿄에 비가 왔다. 원전 문제가 불거진 이후 도쿄에 내린 첫 번째 비였다. 맞아서는 안 되는 비이기도 했다. 하지만 아이러니하게도 위험할수록 기사 가치는 높아진다. '방사능 비'가 내리는 도쿄의 모습을 보도하는 것은 기사로서 가치가 있었다. 도쿄 시민들의 원전 공포를 간접적으로 파악할 수 있기 때문이었다.

3명의 기자 중에 한 명이 르포를 해야 했다. 당연히 내가 자원을 했다. 몸 쓰는 일은 주로 막내 기자가 한다. 선배들은 출장 온 막내 기자를 밖으로 내보낸다는 것을 주저했지만 따로 대안이 없었다.

이어 르포 방법을 두고 머리를 맞댔다. 비를 맞지 않기 위해서는 택시를 타고 시내를 도는 수밖에 없다. 그러면 취재가 부실해질 수 있다. 반면 여기 저기 현장을 뛰어다니며 인터뷰를 하다보면 방사능 비를 맞지 않을 수 없다. 결국 절충안을 만들었다. 택시를 타고 도쿄 시내를 둘러보되 사진을 찍을 만한 중요 포인트에서는 택시에서 내려 집중적인 취재를 하는 것으로 정했다.

일본 외무성 초청

일본에서 보름 동안 취재한 후 한국으로 귀국했다. 도쿄 특파원 선배들은 계속 원전과 쓰나미 취재를 했지만 서울에서 급파된 기자들은 모두 돌아온 것이다. 나는 방송 부서로 복귀했다. 시간이 지나면서 대지진이라는 단어를 차츰 잊게 되었다.

2011년 7월 또다시 편집국장의 전갈이 왔다. '일본 외무성이 한국 기자 5명을 초청해 지진 복구 현장을 보여주는 프로그램을 마련했는데 『동아일보』 대표로 네가 가면 어떻겠느냐'는 내용이었다. 대지진이 터졌을 때 현장을 취재했으니 그 연장선상에서 일본을 둘러보고 오라는 의미였던 것 같다. 그러자 대지진 이후 일본이 어떻게 바뀌고 있는지 호기심이 몰려왔다. 다시 일본행 비행기를 다시 타게 되었다.

4개월 만에 다시 찾은 일본은 무척 차분한 모습이었다. 쓰나미와 관련해선 복구 작업이 한창이었다. 시신 수습을 거의 마무리했고, 부서진 주택 잔해와 쓰레기들을 한창 치우고 있었다. 일본 정부는 '복구를 넘어 부흥'을 주장하며 각종 대책을 마련하고 있었다.

원전 관련 문제는 여전히 현재진행형이었다. 더구나 외무성 초청으로 일본을 찾았을 때 방사능에 오염된 후쿠시마산 쇠고기가 일본 전역에 유통되는 사건이 발생했다. 먹을거리 공포는 당분간 해결되지 않을 듯 보였다. 그럼에도 불구하고 일본인들의 표정에서 원전 공포를 감지하기 힘들었다. 두려워해봐야 손 쓸 방법이 없기 때문에 체념한 것으로 보였다.

일본 연수

외무성 초청으로 열흘 간 일본을 둘러본 후 곧바로 일본 게이오(慶應)대학에서 1년 동안 연수를 하게 되었다. 객원연구원 자격으로 일본 사회를 깊게 들여다볼 기회를 갖게 된 것이다.

장기간 일본에 있다 보니 일본의 새로운 모습이 보였다. 전례 드문 재해를 겪으면서 일본인들의 가치관이 조금씩 바뀌고 있었다. 극히 개인주의적이던 일본인들이 가족의 소중함을 깨닫기 시작했다. 갑작스레 저 세상으로 떠난 사람들의 넋을 기리면서, 또 자신의 정신적 충격을 완화하기 위해 종교에 기대는 사람이 늘어났다.

대지진으로 불거진 각종 문제점을 극복하기 위한 노력도 보였다. 초고층 맨션에 대한 인기가 시들해지고 얼마나 지진에 튼튼한지가 집을 고르는 주요 기준이 되었다. 일본 언론들은 동일본 대지진과 같은 초대형 지진이 언제 다시 올지 연일 분석하고 있는 만큼 내진(耐震) 수준은 주택 구매의 핵심 관건이 되고 있었다. 원자력이라면 손사래를 치는 사람들이 급격히 늘었다. 이같은 변화는 쓰나미처럼 한꺼번에, 또 눈에 띄게 나타나지는 않았다. 하지만 세숫대야에 걸쳐놓은 수건이 서서히 젖듯 일본 사회를 조용히 바꾸고 있었다.

동일본 대지진이 바꿔놓은 일본의 모습을 8개 장에 걸쳐 살펴봤다. 작지만 중요한 변화가 분명 싹트고 있었다. 마지막 9장은 정치를 다뤘다. 일본의 각종 문제를 나열하고 그 원인을 따지다 보면 깔때기처럼 모아지는 결론, '문제는 정치'라는 것을 다시 한 번 확인할 수 있었다. 일본의 정치는 대지진이라는 충격 속에서도 예전 그대로의 모습을 보였다. 이 때문에 9장은 일본의 정치가 어떻게 후진적인지, 왜 그러한지, 대지진 대처는 어떠했는지에 주목했다.

2012년 1월 31일 리쿠젠타카타에서

박형준

차례

일러두기

1. 지명, 인명, 관직 등은 일본어 발음대로 표기하는 것을 원칙으로 했다. 한자로 된 명칭을 우리식 발음으로 쓸 때 의미 차이를 가져오는 것을 막기 위해서다. 예를 들어 덴노(天皇)를 천황이나 일왕으로 표기하면 일본인들이 느끼는 덴노에 대한 감정을 정확하게 전달하기 힘들다. 하지만 우리말처럼 굳어지거나 발음대로 표기했을 때 의미를 파악하기 힘든 일본어 등은 우리식 발음으로 옮겼다.

2. 본문에 등장하는 인물의 나이는 모두 2012년 현재 나이이다.

1장

바뀌는 정신세계 ― '개인'에서 '우리'로

2011년 3월 12일 오후 1시, 일본 후쿠시마(福島) 공항에 도착했다. 동일본 대지진이 발생한 지 하루가 지난 시점이었다. 피해지로 곧바로 가야 했다. 한시가 급했다. 우선 동북부의 가장 큰 도시인 센다이(仙台)로 방향을 잡았다.

의외로 후쿠시마 공항은 멀쩡했다. '과연 일본에 지진이 일어난 게 맞나' 하는 의문이 들 정도였다. 관광안내소 직원은 "가장 가까운 도시인 고오리야마(郡山) 시의 버스터미널로 가면 센다이로 가는 시외버스를 탈 수 있다. 2시간이면 충분히 도착한다"고 말했다. 고오리야마 버스터미널로 갔다. 하지만 허사였다. 모든 버스는 운행 중지였다. 대지진으로 인해 도로 곳곳이 끊어지거나 소실됐기 때문이다.

다행히 택시는 달리고 있었다. 이상하게도 번호판에 '센다이'라고 적힌 택시가 수두룩했다. 평상시 센다이 택시가 2시간 거리를 달려 고오리야마 시로 올 일은 거의 없을 것이다. 센다이 번호판을 단 택시에서 한 여성이 내렸다. 오니시 마요(大西マヨ). 28세인 그녀는 도쿄의 금융기관에서 일했다. 센다이 출장을 왔다가 대지진을 경험했고, 피난소에서 하루를 지낸 뒤 곧바로 택시로 고오리야마로 왔다. 바지에 흙이 잔뜩 묻어 있었다. 그동안 경황이 없어 바지의 흙을 털 생각도 하지 못했던 모양이었다.

오니시 씨는 "철도와 버스가 모두 멈춰 섰다. 위험 지역인 센다이를 벗어나기 위해선 택시를 탈 수밖에 없었다. 지금 도쿄에서 아빠가 직접 차를 운전해 고오리야마까지 오고 계신다. 여기 터미널에서 아빠를 기다릴 것"이라고 했다. 그리고는 연신 "지금도 가슴이 떨리고 무섭다. 가족이 너무나 보고 싶다"고 말했다.

일본은 개인주의적 성향이 매우 강하다. 자기가 맡은 일에 집중하면서 남에게 피해를 끼치지 않도록 매우 조심한다. 먼저 나서서 남의 일에 간섭하는 경우는 거의 없다. 홀로 죽는 '고독사(孤獨死)'가 사회 문제가 될 정도로 흔하다.

하지만 동일본 대지진을 겪으면서 일본인들은 그 무엇보다 가족의 소중함을 깨닫고 있다. 멀리 있는 가족보다 옆집 이웃의 중요함도 새롭게 느끼고 있다. 리히터 규모 9.0의 강진과 이에 따른 지진해일(쓰나미), 그리고 후쿠시마 원전의 방사능 문제까지 겹친 전후(戰後) 최대의 재해는 일본인들의 가치관을 조금씩 바꿔놓고 있는 것이다.

귀에 못이 박히도록 듣는 말 '메이와쿠'

부모가 자녀에게 주로 하는 말은 나라마다 다르다. 한국은 '공부해라', 중국은 '돈 벌어라' 정도일 것이다. 일본은 십중팔구 '(남에게) 폐 끼치지 마라'다. 일본어로는 '메이와쿠(迷惑) 가케루나(かけるな)'라고 한다. 일본 부모들은 자녀가 어릴 때부터 메이와쿠 교육을 철저하게 시킨다.

식당에서 신발을 아무렇게나 벗어 놓으면 "남에게 메이와쿠를 끼치니 빨리 정리해라"라고 한다. 공공장소에서 뛰어다녀도 자녀를 급히 불러 "메이와쿠를 끼치지 않도록 해라"라고 말한다. 대충 지나가는 말로 하는 게 아니라 아이를 세워놓고 타이르듯 강조한다.

일본인들은 남의 집을 방문하는 경우가 극히 드물다. 만약 자녀가 친구집으로 놀러 오라고 초청을 받으면 부모는 엄격하게 타이른다. "친구 집에서 버릇없게 굴면 안 된다", "음료수나 과자를 대접받으면 감사하다고 꼭 말씀드려라", "식사 때가 되면 집에 돌아와 밥을 먹도록 해라"….

2000년 대학원 재학 시절 나고야(名古屋)대학에 교환학생으로 6개월 간 적이 있다. 당시 친하게 지내던 일본인 동급생에게 "새해 첫날 대부분 가게가 문을 닫으니 할 일이 없다. 너의 집에 놀러 가도 되느냐"라고 천연덕스럽게 물은 적이 있다. 일본인 친구는 적지 않게 놀라면서 우물쭈물 제대로 대답하지 못했다. 식은땀을 흘리는 것 같기도 했다. 결국 일본인 친구 집에는 가지 못했고 대신 한국 유학생들끼리 모여 새해를 맞이했다. 일본인들이 메이와쿠에 얼마나 민감한지를 알고 있었다면 그때의 실례는 없었을 것이다.

일본인들은 남에게 폐를 끼치는 행동을 죄악시하기 때문에 끊임없이 '폐를 끼치면 안 된다'고 교육시키고, 자녀는 무의식중에 메이와쿠의 의미를 기억한다. 성인이 되면 메이와쿠를 끼치지 않는 정신이 자연스럽게 몸에 밴다. 대부분 일본인들은 지하철에서 신문을 볼 때 활짝 펼쳐서 보지 않는다. 원래 신문이 접혀 있는 크기에서 다시 한 번 접어서 보기 때문에 팔을 자신의 어깨넓이 이상 벌리지 않는다.

통곡하는 모습 역시 폐를 끼친다고 인식하기 때문에 삼간다. 2009년 부산 사격장 화재로 10명의 일본인 관광객이 숨졌을 때 부산으로 일본인 유가족들이 넘어왔다. TV에 비친 유가족들은 통곡하는 게 아니라 가늘게 흐느끼는 정도였다. 동일본 대지진으로 가족이 몰살당하고 살던 집이 흔적조차 없이 사라졌지만 대성통곡을 하는 일본인은 한 명도 없었다. 자신의 감정을 비교적 솔직하게 드러내는 한국인으로서 무척 낯설었다.

어려서부터 철저하게 메이와쿠 교육을 받다 보면 타인과의 관계에 상당히 조심하게 된다. 남한테 피해주지 않고 자신에게 허용된 범위 내에서 철저하게 자유를 즐기는 개인주의 성향이 강해진다. 식사 시간 식당에 가 보면 동료들끼리 온 사람들보다 혼자 온 사람이 더 많다. 쇠고기 덮밥 체인점인 요시노야(吉野家)는 네 사람 혹은 두 사람이 마주보고 앉을 수 있는 테이블이 아니라 옆으로 앉도록 가로로 길게 이어진 식탁을 갖추고 있다. 혼자서 밥을 먹으러 와도 모르는 사람과 얼굴을 맞대고 식사하지 않아도 되는 것이다.

도쿄 거리에선 대머리를 하거나 빨갛게 염색을 하고 다녀도 사람들이 잘 쳐다보지 않는다. 상대방이 자신에게 피해를 주지 않는 한 상대방의 삶에 신경을 쓰지 않는다.

근본 이유는 '와'

일본인들은 왜 남에게 폐를 끼치지 않도록 극도로 조심하는 것일까. 많은 학자들은 일본의 지형적인 특성에서 그 원인을 찾아야 한다고 조언한다.

반도인 한국과 달리 일본은 바다로 둘러쳐진 '섬나라'다. 비행기가 없던 옛날, 섬나라 국민들은 다른 국가로 훌쩍 떠나기가 힘들었다. 마음에 들지 않는 일이 있더라도 그 나라 내부에서 해결해야 한다. 또 치열한 싸움이 벌어진다면 모두 멸망할 수 있다. 섬나라 내에서 서로 평화롭게 살아가는 게 중요하다. 이런 이유로 일본은 예부터 평화(平和), 조화(調和)를 뜻하는 일본어 '와(和)'를 중요시했다.

일본 소를 와규(和牛), 일본 음식을 와쇼쿠(和食), 일본 스타일을 와후(和風)라고 부른다. 이처럼 와는 일본의 정체성과 맞닿아 있다. 섬나라 일본의 가장 중요한 가치이자 기본적인 생활의 원리가 곧 '와'라고 할 수 있다. 섬나라에서 살아남기 위한 생존원리이기도 하다.

'와'를 이루기 위해서는 서로 싸우지 말아야 한다. 그러기 위해서는 특히 두 가지가 중요하다. 먼저 남에게 폐를 끼치지 않아야 한다. 이 때문에 일본 부모들은 입버릇처럼 자녀들에게 "메이와쿠 가케루나"라고 교육시킨다. 또 자신의 위치를 알고 그 위치에 맞게 행동해야 한다. 분수에 맞게 살아야 한다는 의미다. 일본인 각자가 제 위치를 벗어나 돌출 행동을 한다면 싸움이 일어날 것이고, 그 경우 '와'는 영원히 얻을 수 없다.

예부터 아버지는 가장으로서 식사 때 가장 먼저 수저를 들고 목욕할 때 가장 먼저 탕에 들어간다. 장남은 상속자로서 집안을 잇는 중요한 역할을 맡는다. 이 때문에 아버지와 별 차이가 없는 특권을 갖는다. 물론 요즘 일본의 젊은이들은 과거의 전통에 얽매이지 않고 자유분방하게 행동하는 편이다. 그럼에도 불구하고 아버지가 살던 시골집에 머물며 옛 관습을 지키는 쪽은 주로 장남이다. 차남은 도시로 나가 교육을 받고 장남보다 더 많은 돈을 버는 경우가 흔하다. 제 위치에 맞는 행동이 이어져 내려오는 셈이다.

일본에서는 성별이나 연령, 가족 관계, 공식적인 지위 등에 맞춰 모두 위치에 맞는 행동이 정해져 있었다. 친구 사이더라도 처지가 바뀌면 거기에 맞는 행동을 해야 한다. 예를 들어 친구가 군인이 돼 군복을 입고 있으면 평복을 입은 친구는 함부로 장난쳐서는 안 된다. 그래야 제대로 와가 유지된다.

사농공상(士農工商)의 신분제도가 유지되었던 부시(武士: 무사) 정권 시절, 각 계층은 자신의 역할이 정해져 있었다. 최고 계층인 부시는 통치자로 자리매김했는데 나머지 계급과 비교할 수 없을 정도로 현격한 차이가 있는 상위 계층이었다. 그들은 나머지 계층들을 통치하고 보호하는 역할을 했다.

농민들은 농사를 짓고 수확의 일정량을 무사에게 바쳤다. 공업과 상업에 종사하는 사람들은 농민보다 아래에 놓였는데 농민들은 무사에게 수확물의 일정량을 현물세(現物稅)로 바치는 귀중한 존재였기 때문이었다. 각 신분은 세습되었다. 각 가정의 가장은 문 앞에 그의 계급적 지위와 세습적 신분을 표시했다. 옷이나 음식, 주거 종류도 신분에 따라 규정되어 있었다.

만약 자신의 분수와 신분을 지키지 않으면 '와'가 무너지게 된다. 일본의 근간이라고까지 할 수 있는 '와'를 해치는 것은 용납되지 않는다. 무사는 무례하거나 경의를 표하지 않는 평민을 즉석에서 목을 벨 수 있는 권한까지 줘고 있었다.

'와'를 지키기 위해 각자가 위치에 맞는 행동을 하는 것은 일상생활에서 '분명한 상하 관계'로 나타났다. 통상 군대는 전투를 해야 하기 때문에 엄격하게 상하 관계를 규정해 상부의 명령을 반드시 지키는 문화를 갖고 있다. 이는 일본 군대뿐 아니라 다른 나라 군대도 마찬가지다. 하지만 일본에서는 군대뿐 아니라 직장 생활, 모임 등 일상생활에서도 상하 관계가 매우 분명하다.

일본 직장인들은 사장을 덴노(天皇: 천황) 모시듯 한다. 근로자들은 회사 간부의 결정을 존중하고 그 명령에 성실히 따른다. 그렇지 않고 조직 내 튀는 사람은 동료가 경원시하거나 이지메(イジメ · 집단 따돌림)했다. 충성스럽게 사장을 모시고 맡은 일을 열심히 하는 일본의 기업 문화는 일본 제조업이 급성장할 수 있었던 원동력이었다. 하지만 애플의 아이폰, 이탈리아의 페라리와 같은 혁신적인 제품은 일본식 상명하복의 문화 속에서 나오기 힘들다.

실제 사례 하나를 소개한다. 2011년 초 『동아일보』 기자 3명과 『아사히신문』 기자 1명이 함께 택시를 타고 갈 때의 일이다. 대화 주제는 신문사의 방송 진출. 『동아일보』의 선배 기자는 "국민들의 관심이 활자 매체에서 영상 매체로 바뀌는 시대에 신문사의 방송 진출은 필연"이라고 말했다. 하지만 후배 기자는 "우리가 잘하는 곳(신문)에 더욱 힘을 쏟는 게 난국을 돌파하는 지름길"이라고 주장했다. 금방 끝날 줄 알았던 대화는 어느새 불이 붙어 30여 분 치열하게 공방이 오갔다. 조금 과장하자면 두 선후배는 멱살잡기 직전까지 갔다.

택시에서 내린 후 『아사히신문』 기자가 슬쩍 나에게 다가와 "이런 대화가 일반적인 일이냐, 아니면 매우 특수한 일이냐"며 물었다. 그는 『아사히신문』에서는 이 같은 대화를 생각도 못한다. 물론 선배와 후배가 의견이 달라 서로 토론할 수는 있지만 이렇게 끝까지 서로의 주장을 내세우지는 않는다.

그럼 선배의 체면은 어떻게 되나"라고 말했다.

『동아일보』 내에서도 선후배 간 격한 대화가 자주 일어나는 것은 아니다. 하지만 잊을 만하면 한 번씩 벌어진다. 기자들이 흔히 하는 말로 후배 기자가 선배에게 '들이댄다'고 한다. 그렇게 들이댄 다음에는 두 기자의 관계가 서먹해지는 경우도 간혹 있지만 대체로 술 한잔 마시고 다시 화기애애하게 돌아간다. 한국의 기자 문화도 상명하복 경향이 강하지만 일본에 비해서는 훨씬 양호한 것 같다.

일본인들의 자신의 위치에 맞는 행동은 개인적 차원뿐 아니라 국가적 차원에서도 적용됐다. 1941년 하와이 진주만을 공격하는 당일 일본 사절이 미국 국무장관 코델 헐(Cordell Hull)에게 보낸 성명서에 이 점이 잘 나와 있다. 당시 미국 측은 매우 황당했을 것이다.

> 모든 국가가 세계 속에서 각자 알맞은 위치를 갖게 하려는 일본 정부의 정책은 불변이다…일본 정부는 현 사태의 영구화를 참을 수가 없다. 그것은 각국이 세계 속에서 각자 알맞은 위치를 즐기기를 바라는 일본 정부의 근본적인 정책에 위배되기 때문이다.[1]

'잃어버린 20년'의 잔재

일본은 제2차 세계대전의 패전 속에서도 경제 기적을 이뤄냈다. 한국전쟁을 발판으로 일본은 1955~1970년대 초까지 연평균 10%씩 성장했다. 대기업과 중소기업의 경제적 격차는 크지 않았다. '모두가 평등한 공산주의 국가'는 중국이 아니라 바로 일본이라는 자신감 섞인 우스갯소리도 있었다.

그 당시 남자는 회사에서 일을 하고 여자는 집에서 살림을 꾸렸다. 종신고용과 연공서열은 회사원들의 든든한 버팀목이었다. 매년 소득이 증가하고

---

1) 『국화와 칼』(루스 베네딕트 지음, 김윤식 오인석 옮김)에서 인용.

생활 수준이 나아졌다. 정년 쯤에는 자연스럽게 중상류층이 되어 있었다. 남자는 직장에 다니며 회사와 사회에서 인정을 받았고, 가정에 돌아와서는 가족에게 인정을 받았다. 회사와 가족 중심적으로 사회가 원활하게 돌아갔다.

당시 일본을 빗댄 용어가 '1억 총중류 사회'다. 일본 인구가 약 1억2,800만 명인데 그 중 1억 명이 중류 계층이라고 생각한다면 일본인 대다수가 스스로 '중간은 간다'고 여긴다고 보면 된다. 1970년에 일본 인구가 1억 명을 넘어섰고, 자신이 중류 계층이라고 생각하는 비율은 1973년에 가장 높았다. 그 이후 1억 총중류 사회라는 말이 널리 사용되기 시작했다.

하지만 요즘은 다르다. 1990년대 초부터 시작된 경제 불황은 20년간 지속되었다. 일자리를 찾지 못하는 일본 젊은이들은 아르바이트만으로 생계를 유지하는 '프리타[2]'가 되거나 비정규직이 되었다. 근로자의 소득도 줄고 있다. 일본 국세청의 민간 평균 급여는 1997년 467만 엔이었지만 2008년에는 429만6,000엔으로 떨어졌다.

1970년대 폭넓게 사용되었던 중류 대신 하류라는 신조어가 빠르게 퍼져 나갔다. 연간 수입 300만 엔 이하를 하류로 본다면 2008년 하류층은 39.7%다. 1997년 하류층이 32.1%였으니 11년 사이에 7.6%나 늘었다. '하류 문화'라는 말이 생기고 하류는 소설과 영화에 숱하게 반영되어 갔다. 특히 젊은층의 하류 현상이 두드러졌다.

경제적으로 어렵다 보니 젊은이들은 결혼할 생각을 하지 못하고 있다. 그저 자기 방에 갇혀 있을 뿐이다. 사회는 물론이고 가족과도 단절한 히키코모리(引きこもり · 은둔형 외톨이)가 점점 늘어났다. 히키코모리는 가족도 싫고 사회도 싫고 국가도 싫다는 극단적 개인주의 성향을 갖는다.

어릴 때부터 받아온 메이와쿠 교육, 경제 불황 이후 하류화 현상은 싫든 좋든 일본인들을 고독한 개인으로 내몰았고 가족과의 관계는 단절되어 갔

---

2) 일본에서 생겨난 신조어로 '프리(free)'와 '아르바이터(Arbeiter)'의 합성어다.

다. 일본의 1인 가구 비율은 1990년 22.8%에서 2010년 31.2%로 20년 사이 약 10% 포인트 늘었다. 급기야 혼자 생을 마감하는 고독사가 사회 문제로까지 비화되었다. 일본 NHK에 따르면 죽은 후에 시신을 인수할 가족이 없는 고독사가 연간 3만2,000명에 달한다. 이들의 시신은 대부분 사망 후 일주일 이상 지나서 발견된다.

동일본 대지진 이후 바뀌는 가치관

2011년 3월 11일 동일본 대지진이 발생했다. 과거 어떤 지진보다도 피해 지역이 광범위했다. 인구가 많은 수도권에서도 귀택(歸宅)난민, 계획정전 등을 겪으면서 지진의 피해를 간접적으로 체험했다. 거기에 많은 지역이 방사능 불안에 떨었다. 사상 전례 없던 재해가 일본을 덮친 것이다.

이와테(岩手) 현, 미야기(宮城) 현의 해변 마을은 흔적조차 없이 사라지기도 했다. 가옥이 물에 떠밀려 내려가고 자동차가 지붕 위로 날아들었다. 사람들은 귀중품을 챙길 겨를도 없이 몸만 대피했다. 전 재산이 사라진 것이다. 이런 피해를 직접 당하거나 언론을 통해 간접적으로 경험한 일본인들은 '물질적 행복'의 허무함을 통감했다.

'그럼 과연 무엇이 행복일까', '가족이 모두 죽으면 어떻게 살아가야 하나', '생활 기반이 통째로 사라졌을 때 나를 받아줄 사람이 있을까'…. 이런 생각을 하는 가운데 일본인들은 점차 사람과 사람 간 관계의 중요성에 대해 생각하게 됐다.

위기 때 자신을 받아줄 사람은 결국 가족밖에 없었다. 당장 위기에 부닥쳤을 때는 가까이 있는 이웃이 그 무엇보다 큰 힘이 되었다. 메이와쿠 교육과 경제 불황으로 점차 외톨이가 되어 가던 일본인들이 대지진을 계기로 가족의 중요성, 친구의 중요성, 지역 사회의 중요성을 느끼기 시작했다.

AERA(2011년 11월 28일자)에 등장한 34세의 회사원 이토 슈지로(伊藤

修次郎) 씨는 대지진 후의 바뀐 가치관을 잘 보여준다. 그는 2011년 10월 도쿄(東京) 신주쿠(新宿)에 있는 인재파견회사로 직장을 옮겼다. 세 번째 전직이었다. 지진이 있었던 3월 말부터 10여 개 회사를 검토한 끝에 인재파견회사로 결정했다. 가장 큰 고려 요소는 '급료'가 아니었다. 집과의 거리, 그리고 얼마나 편하게 휴가를 쓸 수 있는지 두 가지였다. 이토 씨는 인재파견회사에서 집까지 걸어서 갈 수 있는 거리라는 점이 마음에 들었다. 재해로 교통 시설이 마비되더라도 걸어서 집으로 가 가족의 안부를 확인할 수 있기 때문이다. 또 관리직 남성이 출산 휴가를 쓸 때 주위 직원들이 아무도 불평을 하지 않은 점도 마음에 들었다. 결재 서류가 책상 위에 잔뜩 쌓여 있는데도 말이다.

이토 씨가 세 번째 전직을 하게 된 것은 '두 번 다시 가족을 소홀히 하지 않겠다'고 다짐했기 때문이다. 그는 취업이 하늘에 별따기 수준일 때 외국계 투자 기업에 처음 취직했다. 동료들과 치열한 경쟁 속에 커리어를 높이기 위해 앞만 보고 열심히 일했다.

2006년경 좀 더 높은 급료를 받기 위해 부동산컨설팅회사로 전직했다. 그곳에서는 경영기획 업무를 맡았다. 부동산 업무의 특성상 토요일과 일요일은 기본적으로 출근했다. 집에서 회사까지는 대중교통으로 1시간 이상 걸린다. 매일 아침 7시에 집을 출발해야 했다. 2005년 결혼해 아이도 2명 있지만 육아는 거의 신경쓰지 못했다. 간혹 쉬어도 반나절은 잠을 잤다. 사실상 일이 가족이고 취미고 삶이었다.

대지진이 발생한 날에도 회사에 있었다. 지진 발생 후 제일 먼저 한 일은 거래 회사의 안전 확인이었다. 부하 직원의 안부도 확인하고 책상 정리까지 마치고보니 이미 밤이 늦었다. 부인은 지진 직후 '가족은 안전하다'고 메시지를 보내왔다. 당시 지하철과 버스가 운행하지 않았기 때문에 걸어서 집까지 가야 할 판이었다. 5~6시간은 족히 걸어야 했다. 어쩔 수 없이 집사람에게 연락도 하지 않은 채 회사에서 잠을 잤다. 다음날 점심 때쯤 집에 도착하니 집사람은 깨진 식기를 묵묵히 치우고 있었다. 가정의 모든 의무를 아내에게 미뤘기에 너무나 미안했다.

대지진 이후 회사 생활은 바늘방석에 앉은 느낌이었다. 피해지 출신의 동료들조차도 휴가를 사용하지 않았기 때문에 이토 씨는 "가족을 위해 휴가를 쓰겠다"는 말을 꺼낼 수가 없었다. '또다시 대지진이 와도 가족을 방치한 채 회사에서 지내야 하는 걸까' 하는 생각이 계속 맴돌았다.

결국 전직이 답이었다. 그리고 마음의 결정을 내렸다. 전직을 결정한 후 5살 된 큰 딸과 도쿄에 있는 직업 체험형 테마파크에 다녀왔다. 입장하면서 큰 딸은 "아빠, 나 이름 쓸 줄 알아"라고 말했다. 그때서야 이토 씨는 큰 딸이 글씨를 쓸 수 있을 정도로 성장했다는 것을 깨달았다. 그동안은 너무나 무관심했었다.

현재 근무하고 있는 신주쿠의 인재파견회사에서 집까지는 30분 정도 걸린다. 매일 아침 반드시 아이들과 아침 식사를 함께 한다. 주말에는 공원에서 아이들과 함께 놀고 큰 딸의 유치원 행사에도 참가할 수 있게 되었다. 큰 딸은 아침에 일어나 이토 씨 무릎에 앉아 "어제 유치원에서 ○○와 함께 놀았어요"라며 조잘거린다. 전직 전에는 그렇게 큰 딸이 말을 걸어오는 경우가 거의 없었다. 3·11 대지진이 이토 씨의 삶을 180도 바꿔놓은 것이다.

동일본 대지진을 계기로 가족의 중요성을 새롭게 발견한 사람은 이토 씨 뿐만이 아니다. AERA[3]의 설문 조사에 따르면 '대지진 후 가족과 함께 지내는 시간이 늘었느냐는 질문에 응답자 1,387명 중 55.2%가 "늘었다"고 답했다.[4] 무응답(20.3%) 혹은 "늘지 않았다"(24.5%)는 응답보다 2배 이상 많았다.

---

3) 2011년 11월 28일자.

4) 조사는 연수입 1,000만 엔 이상의 관리직 및 전문직 종사자의 인터넷 사이트인 '비즈리치'의 회원 1,387명을 상대로 2011년 6월에 실시됨.

'대지진 후 하루 업무에 어떤 변화가 생겼나'라는 질문에 "더욱 효율을 중시하는 일을 하게 되었다"(43.4%), "더 일찍 집으로 돌아가게 되었다" (24.9%)는 응답이 압도적으로 많았다.

3·11 동일본 대지진 이후 가치관 변화

(1) 대지진 후 일에 대한 가치관에 변화가 있습니까?
▷ 있다 54.1%, 없다 45.1%, 무응답 0.8%

(1-1) 어떻게 변했습니까?(있다고 답한 사람에 대해 질문, 복수응답)
▷ 일을 통해 사회공헌을 하고 싶다 30.6%
▷ 높은 급료보다 자기실현 가능한 곳에서 일하고 싶다 16.9%
▷ 전직 활동을 시작했다 12.8%
▷ 독립해 창업하겠다는 생각이 강해졌다 12.2%
▷ 해외에서 일하고 싶은 생각이 강해졌다 12.0%
▷ 더 높은 급료를 주는 곳에서 일하고 싶다 11.9%
▷ 기타 5.7%

(2) 대지진 후 가족과 지내는 시간은 늘었습니까?
▷ 늘었다 55.2%, 늘지 않았다 24.5%, 무응답 20.3%

(3) 대지진 후 하루 업무에 어떤 변화가 생겼습니까?(복수응답)
▷ 더욱 효율을 중시하는 일을 하게 되었다 43.4%
▷ 더 일찍 집으로 돌아가게 되었다 24.9%
▷ 공부 모임, 학교 등에 다니게 되었다 13.3%
▷ 더 일찍 퇴근하게 됐다 11.0%
▷ 기타 24.7%

자료: AERA(2011년 11월 28일자). 2011년 6월 연수입 1,000만 엔 이상의 관리직 및 전문직 종사자의 인터넷 사이트인 '비즈리치'의 회원 1,387명을 상대로 설문.

일본인은 서양인과 달리 가정보다 일을 중요시하는 '회사형 인간'이다. 이 점에서는 한국인도 일본인과 마찬가지다. 하지만 이번 설문 조사 결과를 보면 일본인들이 가정의 중요성을 새롭게 인식하고 있다. 전대미문의 자연재해 앞에 믿고 의지할 수 있는 것은 역시 가족이었다.

다시 한 번 다함께

일본의 대형 주택 건축 개발업체인 세키스이하우스(積水ハウス)는 대지진 직후의 통계 하나에 주목하고 있다. '2세대 주택'의 판매량이 평상시 전체 주택 판매량의 20% 정도지만 대지진을 겪고 난 2011년 4월에는 약 30%로 늘었다. 2세대 주택이란 부모와 자식 세대가 함께 살 수 있는 주택을 의미한다. 주차, 화장실, 욕실 등 공간들이 2개씩 만들어져 있다. 센다이를 포함해 아키타(秋田), 아오모리(青森) 등 도시들이 있는 동북부 지역에서 2세대 주택 판매가 급격히 늘어나고 있었다.

일본은 태평양전쟁이 끝난 후부터 핵가족화 영향으로 한 세대당 가족 수가 일관되게 줄어들고 있다. 2세대 주택의 판매 증가는 '가족에 대한 가치관 변화'라는 요소 외에는 설명하기 힘들어 보인다.

때마침 세키스이하우스는 4월 말에 시작되는 골든위크를 앞두고 '아버지, 어머니. 다시 한 번 다함께 살지 않으시렵니까'라는 내용의 광고를 내보냈다. 애초 상속세 개정을 염두에 두고 만든 광고였으나 대지진 잔상과 겹쳐지면서 많은 사람들이 광고 내용에 공감을 표시했다.

미야카와 다이지(宮川泰治 · 43) 씨는 세대 간에 주택을 합친 사례다. 그는 대형 전기 회사 직원이었으나 대지진이 발생한 3월 말에 그만뒀다. 6개월 후에는 도쿄에 있던 집도 팔았다. 이어 부모님이 사시는 시가(滋賀) 현으로 이사 갔다. 부인과 아이 3명을 모두 데리고 갔다. 미리 직업을 구해 놓고 옮긴 이사가 아니었다. 무작정 이사한 후 구직 활동을 했다. 구직 활동의 가

잗 중요한 원칙은 집에서 걸어다닐 수 있는 거리였다

　대지진 전 미야카와 씨는 일만 바라보고 사는 사람이었다. 조금이라도 더 나은 월급을 주는 회사를 찾아다니다 보니 4개 회사를 옮겨 다닐 정도였다. 일벌레인 그를 바꿔 놓은 것은 동일본 대지진이었다. 지진이 일어났을 때는 도쿄 신주쿠역 인근 육교 아래 있었다. 심하게 흔들리나 싶더니 사람들이 여기저기서 비명을 지르며 쓰러졌다. 그도 '아, 여기서 죽는구나'라고 생각했다.

　그 순간 머리를 스쳐가는 생각, '회사에 목숨 바쳐 일하는 인생으로 끝나도 좋은가'. 그 의문은 후쿠시마 원전 사고로 더 커졌다. 아이들을 보이지 않는 위험에 빠뜨리고 싶지 않았다. 그는 앞뒤 생각하지 않고 회사에 사표를 제출했다.

　시가 현으로 이사하니 도쿄에 있을 때보다 집이 훨씬 더 넓어졌다. 아이들은 낚시나 야구를 즐길 기회가 더 많아졌다. 스마트폰의 쓰임새도 달라졌다. 예전에는 업무용 통화를 하는 도구였지만 이사 후부터는 가족의 웃는 얼굴을 담는 카메라가 되었다. 미야카와 씨의 미래는 아직 불확실하다. 하지만 그는 대지진 후 내린 과감한 결정을 결코 후회하지 않았다고 했다.

귀성과 전화 붐

　"2011년 올해 여름휴가 때 무엇을 하겠습니까." 생명보험회사인 메이지야스다생명(明治安田生命)이 1,102명에게 물었다. 1위는 "집에서 푹 쉰다"(59.2%)였다. 2위는 "고향 집에 가겠다"(40%)였다.

　메이지야스다생명은 2위의 조사 결과에 깜짝 놀랐다. 고향 방문이란 응답은 고속도로 통행료가 할인된 이후 첫 조사였던 2009년에 39.8%를 기록했다. 2008년에 비해 12.7%나 뛴 기록이었다. 메이지야스다생명 측은 2009년 기록이 어지간하면 깨지지 않을 것으로 봤는데 2011년 조사에서 예측이

빗나간 것이다. 고향 방문 응답자는 2006년 조사를 시작한 이래 최대를 기록했다. 고향 방문의 이유는 "부모와 형제를 만나고 싶어서"라는 응답이 가장 많았다. 고향 방문뿐 아니라 1위 응답이었던 집에서 푹 쉬는 것도 모두 가족과 함께 지낸다는 의미를 갖고 있다.

도쿄 시나가와(品川) 구에 사는 이시야마 히로미(石山寬美・36) 씨는 2011년 7월 후지산(富士山) 시에 있는 부모님 집을 사흘 간 다녀왔다. 아버지와 그다지 친하지 않기 때문에 이전에 언제 부모님 집을 다녀갔는지 기억조차 나지 않았다.

하지만 대지진 때 15층 건물의 사무실에 있으면서 죽음의 공포를 느낀 후부터는 아버지에게 전화하는 버릇이 생겼다. 친하지 않은 아버지여서 무작정 전화해놓고 할 말이 없어 어린 딸을 바꿔주는 경우도 여러 차례였다. 하지만 이렇게 하면서 아버지와의 심적인 거리가 점차 좁혀지는 느낌을 받았다고 한다.

지바(千葉) 현에 사는 야마구치 료코(山口良子・31) 씨는 교토(京都)에 혼자 사시는 엄마(80)를 위해 노인용 휴대전화를 사드렸다. 가족끼리 통화할 때는 통화료가 대폭 할인되는 것으로 계약했다. 주말에 길게 통화할 때면 먼저 집전화로 전화를 건 후 끊고 나서 다시 휴대전화로 건다. 전날 엄마의 도보 숫자가 매일 아침 휴대전화로 전송돼 온다. 그 숫자를 확인할 때마다 야마구치 씨는 '아, 오늘도 엄마가 살아계시는구나'를 느낀다.

이웃사촌의 재발견

대지진 발생 사흘 째인 3월 14일의 일이다. 센다이에서 승용차로 30분 거리인 나토리(名取) 시의 해변 마을을 취재하기 위해 택시를 탔다. 오전 11시가 막 지나자 라디오에서 쓰나미 경보가 울렸다. "후쿠시마(福島) 관측소에서 3m 쓰나미가 관측됐다. 도착까지 15분, 해안에서 빨리 벗어나라."

좀 더 해안으로 가자고 하자 택시 기사는 "자칫 잘못하다가는 죽는다"며 더 이상 해안으로 가길 거부했다. 옥신각신하다가 결국 택시에서 내렸다. 쓰나미를 경험해보지 못했기에 혼자 있는 것은 위험스러워 보였다. 나는 동네 주민 10여 명이 모여 있는 곳으로 다가갔다. 그러고는 그들이 어떻게 움직이는지 온통 신경을 집중했다.

가족의 리더로 보이는 40대 남자가 라디오에 귀를 기울이고 있었다. 한참 듣더니 갑자기 "안 되겠다. 다시 쓰나미가 온다. 모두 뛰어"라고 외쳤다. 그때부터 분위기가 급변하더니 주위의 모든 일본인들이 뛰기 시작했다. 어른은 아이들을 들고 뛰었다. 초등학생으로 보이는 한 일본 어린이는 나에게 "이코, 이코((行こう行こう・가요, 가요)"라고 말했다. 40대 남자도 내 팔을 잡고 '뛰라'는 시늉을 했다. 그때는 다른 생각을 할 여지도 없이 나도 사람들과 함께 뛰었다.

피난하는 사람과 차량
미야기(宮城) 현 나토리(名取) 시 유리아게(閖上)에 사는 일가족이 쓰나미 경보를 듣고 피난하는 모습. 기자도 함께 대피소로 달려가느라 제대로 사진을 찍을 여유가 없었다.

이때 사람들은 바다 반대 방향으로 뛰면서 이웃 주민들에게 일일이 "쓰나미가 또 옵니다. 빨리 대피하세요"라고 외쳤다. 주민이 보이지 않으면 집 앞에서 몇 차례나 부르기도 했다. 위기 시 모든 일본인들이 TV나 라디오를 보면서 재난 방송에 귀를 기울일 것 같지만 실상은 그렇지 않았다. 집안이나 가게에서 평상시처럼 일상생활을 하는 일본인들이 더 많았다.

사람들은 대피소로 향하면서 어린 아이들을 가장 먼저 챙겼다. 어린 아이들은 대부분 자신의 아이였다. 이어 나이가 많아 거동이 불편한 노인들을 챙겼다. 노인의 경우는 자신의 부모님이기보다 옆집 이웃인 경우가 많았다. 애초 10여 명이 대피소로 뛰었는데 그 숫자가 100명 이상으로 불어났다. 어느새 사이렌도 울리기 시작했다.

2~3km를 부지런히 뛰어 도착한 곳은 나토리 시청이었다. 시청에는 이미 약 1,000여 명의 나토리 시민들이 대피해 있었다. 다들 걱정스런 눈빛이었다. 옆집 할머니는 제대로 왔는지, 뒷집 주인은 제대로 아이들을 데려왔는지 이웃의 안부를 하나하나 확인하는 모습이 완연했다.

어려운 시기에는 가족이 가장 먼저다. 하지만 멀리 있는 가족은 당장 처한 위험에서 무용지물이다. 오히려 바로 담을 맞대고 사는 이웃이 가족이고 형제다. 동일본 대지진을 계기로 일본인들은 옆집에 누가 살고 가족은 안전한지 먼저 물었다. 남의 일에 참견하지 않는 일본인이지만 어느새 이웃을 끌어안을 정도로 가까이 다가선 것이다.

초대형 단체 미팅 성행

2011년 11월 19일 오후 8시 도치기(栃木) 현 우쓰노미야(宇都宮) 시의 오리온 상가는 젊은 남녀 2,500명으로 시끌벅적했다. 가게마다 쌍쌍으로 둘러앉아 이야기꽃을 피웠다. 맥주잔을 부딪치면서 서로의 휴대전화 번호를 나눠 갖는 것도 예사였다.

이들은 초대형 단체 미팅에 참여하고 있었다. 우쓰노미야 시의 상가 단체는 결혼 상대를 찾지 못하는 젊은이들에게 만남의 장을 제공하고 지역 경제도 활성화시키기 위해 이 행사를 기획되었다.

미팅은 1년에 두세 차례 열리는데 남자 7,000엔, 여자 3,500엔의 참가비를 내면 행사에 참여한 52개 음식점과 술집을 자유롭게 드나들며 무제한 미팅을 즐길 수 있다. 주최 측의 팸플릿 문구도 재미있다. "여기 오는 모든 남자 분들은 초식남이 아니라 육식남! 처음 만나는 여성에게 바람 맞더라도 기분 상할 것 없어요. 고개만 돌리면 새로운 미팅이 기다리고 있으니까."

가정적이고 상냥하지만 연애에 소극적인 20~30대 남성을 일본에서는 '초식남(草食男)'이라고 부른다. 술집보다 카페를 좋아하고, 정기적으로 스킨케어를 받기도 하는데 여성과 사귀는 것은 물론이고 대인 관계도 소극적이어서 사회적으로 문제가 되고 있다. 하지만 단체 미팅에서 술잔을 들이키며 호기를 부리는 남성들은 벌써 육식남(肉食男)으로 바뀌어 있었다.

같은 달 12일 오후 6시, 히로시마(広島) 시 나카(中) 구 상점가의 여기저기에서도 "건배" 소리가 드높았다. 히로시마 명물인 오코노미야키(お好み焼き)를 파는 가게부터 선술집인 이자카야(居酒屋)에 이르기까지 81개 가게에서 단체 미팅이 이뤄지고 있었다. 처음 만난 자리여서 멀뚱멀뚱하게 있다가도 맥주잔이 서너 잔 돌자 분위기가 금방 뜨거워졌다. "어디서 왔나요?", "좋아하는 남자 타입은 어떤가요?", "눈이 참 예쁘시네요"….

상인회는 2011년 9월에 첫 번째 단체 미팅을 주선했다. 참가자는 약 1,000명. 두 달 후에 두 번째 행사를 열자 참가자가 2,500명으로 늘었다. 20~30대가 주로 참여했지만 기혼자와 40대도 눈에 띄었다. 참가비는 남성 6,000엔, 여성 4,000엔. 티켓 판매는 남성의 경우 행사 1주일 전에, 여성은 2주 전에 끝났다.

이런 초대형 단체 미팅이 일본 전역에서 성행하고 있다. 2011년 10월 만

해도 센다이 시에서 2,000명이 참가한 '센다이 미팅'(10일), 삿포로(札幌) 시에서 700명이 어울린 '삿포로 미팅'(22일)이 잇따라 열렸다. 한 달 지나서는 도쿄와 오사카(大阪)에서도 수천 명 규모의 초대형 단체 미팅이 열렸다. 2011년 한 해 동안 약 70개의 초대형 단체미팅이 실시된 것으로 알려졌다.

대형 단체미팅은 2004년 8월 우쓰노미야 상가단체가 불황기에 손님을 모으기 위해 처음 기획했다. 당시 4개 점포에 170명이 모여 단체 미팅을 했다. 상가의 수지 타산을 따져보면 절대 수익이 많이 남는 장사는 아니지만 젊은 이들에게 상가의 긍정적 이미지를 심어 줄 수 있었다. 자연히 상가 방문 횟수도 늘어나게 된다. 이런 효과를 노리고 단체 미팅 행사는 꾸준히 이어졌다.

그런데 2011년 동일본 대지진 이후 일본 전역에서 폭발적으로 단체 미팅이 이어졌다. 대지진 이후 가족이나 친구들과의 만남과 인연을 중요히 여기는 사람이 늘어났고, 상가들도 뭔가 소비 촉진을 위한 이벤트를 열어야 했다. 양측의 욕구가 절묘하게 맞아떨어진 것이다. 센다이 시에서 열린 단체 미팅의 캐치프레이즈 '만남과 인연, 그리고 부흥'이 이런 전후 사정을 함축해서 잘 나타내고 있다.

후쿠시마 현 고오리야마 시에서도 2011년 11월 마지막 주 토요일 저녁에 역 앞 상점가에서 단체 미팅이 이뤄졌다. 거기에 참여한 한 여성은 언론과의 인터뷰에서 이렇게 말했다. "혼자 있으면 외롭고 무서워요. 지진 후에 집은 반파(半破) 됐고 전기와 수도도 이틀 간 쓸 수 없었어요. 일을 마치고 불 꺼진 방에 돌아오는 게 너무나 싫어요. 누군가 옆에 함께 있어 줬으면 좋겠어요." 일본에서 한동안 초대형 단체 미팅은 계속 이어질 것 같다.

2011년의 한자 '絆(기즈나)'

일본한자능력검정협회는 매년 엽서와 팩스, 홈페이지 등으로 글자 한 자로 된 '올해의 한자'를 모집한다. 그리곤 12월에 교토(京都)에서 가장 유명한 사찰 중 하나인 기요미즈사(淸水寺)의 간스(監寺ㆍ일본 서종에서 주지 대신 사무를 통솔하는 사람)가 대형 붓으로 응모 수가 가장 많은 글자를 쓰는 방식으로 발표한다.

2011년의 경우 응모자 49만6,997명 중 6만1,453명이 '반(絆)'자를 골랐다. 일본어로 '기즈나'라고 읽는데, 인간의 유대, 인연을 의미한다. 협회 측은 "올해 3월 동일본 대지진 등 각종 재해를 겪으면서 사람들이 돈으로는 살 수 없는 인연의 소중함을 깨닫게 된 것 같다"고 설명했다. 2위는 지진과 쓰나미 등을 포괄하는 '災'(재앙 재), 3위는 지진 피해를 의미하는 '震'(떨 진)자였다.

기즈나의 위력은 연말연시의 소비에서도 확인되었다. 일본인들은 11월 중순에서 12월 중순에 걸쳐 친척이나 친구들에게 오세보(お歲暮ㆍ연말) 선물을 보낸다. 2011년은 지난해 같은 때보다 20%가 넘는 주문 예약이 백화점, 수퍼 등에 몰렸다. 비싼 선물을 보내기보다는 싼 선물을 여러 사람에게 보내는 게 특징이란다. 신년에 먹는 일본 특유의 명절 음식인 오세치(御節) 요리도 주문이 크게 늘었다. 편의점 로손은 전년 대비 60%, 세븐일레븐은 40% 매출이 더 올랐다. 다 함께 모이는 가족, 친지 숫자가 늘어났기 때문인 것으로 판단된다.

일본 언론들은 이런 현상을 '기즈나 소비'로 해석했다. 3ㆍ11 대지진 후 가족과 친척, 동료, 이웃의 중요성을 확인하고 그들을 위해 돈을 쓰는 것이다. 비록 만나지는 못하지만 선물을 통해 유대감을 확인하고, 가족끼리 다 함께 모여 신년 음식을 먹는다. 대지진으로 인해 일본인들의 의식 구조와 가치관이 바뀌면서 생겨난 현상이다.

자원봉사자와 밥 한 공기 그리고 눈물

돌이켜 보면 동일본 대지진 취재를 나서면서 사전 준비가 너무나 부실했다. 지진 발생 당일인 3월 11일 상황만 보고는 '일본이 여러 번 겪은 자연재해 중 하나' 정도로 사태를 판단했기 때문이다. 내심 2박3일이면 취재를 마치고 귀국할 것으로 예상했다.

기동성 있게 현장을 돌아다녀야 했기 때문에 간소하게 짐을 꾸렸다. 노트북 가방에 양말과 간단히 입을 옷만 챙겨 추가 짐 가방 없이 12일 오전 일찍 인천공항으로 갔다. 일본 동북부 지역으로 가는 가장 빠른 비행기를 탔다.

후쿠시마(福島)행 비행기를 탄 후 기내식을 먹었다. 그 후 상당 기간 밥 구경을 하지 못할 것을 미리 알았다면 뭔가 추가로 먹었을 것을…. 대지진으로 도로가 끊어지고 철도가 휘면서 일본에선 물류가 제대로 움직이지 않았다. 이 때문에 대지진 직후부터 편의점과 슈퍼마켓의 음식이 동나기 시작했다. 동북부 지역으로 갈수록 상황은 더욱 열악해졌다.

물론 편의점 개점 시간에 맞춰 미리 줄 서서 2~3시간을 기다리면 음식을 어느 정도 구할 수는 있다. 하지만 눈앞에 펼쳐진 아비규환을 취재하러 다녀야 하는데 줄을 서 기다릴 여유가 없었다. 여기저기 뛰어다니다 보니 14일 오전까지 만 48시간 동안 밥 구경을 하지 못했다. 하지만 너무 긴장한 탓인지 시장기를 느끼지 못했다. 식수 차를 쉽게 발견해 물은 충분히 먹은 덕분인지도 모르겠다.

14일 오후 1시경 미야기(宮城) 현 나토리(名取) 시의 해변 마을 취재를 끝마치고 센다이(仙台) 시로 넘어가기 위해 택시를 기다릴 때였다. "여러분, 힘내세요"라는 목소리가 멀리서 들렸다. 뭔지 궁금해 가까이 가 봤다. 즉석으로 만들어진 조리대 위에 국이 끓고 있었다. 방금 지은 밥에서 모락모락 김이 났다. 건장한 청년 20여 명으로 이뤄진 자원봉사자들이 지진 피해자들에게 음식과 생필품을 무료로 나눠주고 있었다.[1]

물품 나눠주는 자원봉사자
2011년 3월 14일 미야기 현 나토리 시내에서 화장지, 생수, 컵라면 등 구호 물품을 나눠 주고 있는 자원봉사자들.

나도 얼른 지진 피해자들 틈에 들어가 줄을 섰다. 지진과 쓰나미 피해자가 아니어서 음식을 먹을 자격이 되는지는 모르겠지만 그들의 아픔을 취재

1) 나중에 알고 보니 이들 자원봉사자들은 센다이(仙台)에서 활동하는 청년 모임인 '미치노쿠 카이(みちのく숲)' 회원이었다. 그들은 돈을 갹출해 도쿄에서 음식물을 사서 나토리 시까지 공수해왔다. 그들은 "마련한 물품을 모두 나눠줄 때까지 계속 음식 나누기 자원봉사를 할 것" 이라고 말했다.

하러 한국에서 온 기자라면 음식 먹을 자격이 된다고 스스로 생각했다. 게다가 48시간 동안 밥 구경을 못하지 않았나.

따뜻한 밥 한 그릇과 졸인 꽁치 1마리, 미소시루(味噌汁)를 받아들었다. 먼저 국부터 한 모금 마셨다. 국물이 입에서 목으로 흘러내려 갔다. 그때까지 줄곧 마셨던 물과 달리 따뜻하고 영양분이 있는 국물이었다. 뭔가 속에서 '울컥' 했다. 아빠가 일본 가서 죽는 줄로만 알고 노심초사하던 큰 딸도 생각났다. 이어 꽁치를 얹어 밥 한 숟갈을 떠먹었다. 그러자 '밥이라는 게 이렇게 소중한 것이구나'라는 감사가 마음속 깊은 곳에서 솟구쳐 나왔다. 주위를 보니 밥 한 공기를 들고 눈물을 흘리는 사람들도 있었다. 당시 나는 그 눈물의 의미를 충분히 알 수 있었다.

동일본 대지진 현장을 보름 동안 취재하며 여러 곳에서 자원봉사자들을 만났을 뿐 아니라 기자 스스로도 자원봉사자의 도움을 받았다. 항상 먹는 밥 한 공기의 소중함을 알게 해준 잊을 수 없는 경험이었다. 일방적으로 호의적인 글이 되지 않도록 조심하면서 일본의 자원봉사에 대해 살펴봤다.

자원봉사 문화 정착?

1995년 1월 17일 리히터 규모 7.3의 한신(阪神) 대지진이 오사카(大阪)와 고베(神戶)를 강타했다. 그 후 1개월 만에 약 60만 명의 자원봉사자들이 지진 피해 현장을 찾았다. TV 화면으로 피해 상황을 본 일본인들은 '뭔가 도움이 되고 싶다'는 마음 하나만으로 피해지를 찾았다. 그들은 일본 사회에 자원봉사의 싹을 틔운 '자원봉사 1세대'로 불리고 있다.

2011년 3월 동일본 대지진에서도 일본 전역에서 자원봉사 물결이 이어지고 있다. 한신 대지진 때는 접수창구도, 자원봉사에 대한 사전 정보도 거의 없었지만 동일본 대지진 때는 각 피해 지역마다 '재해자원봉사센터'라는 창구가 마련되었다. 각 센터는 자원봉사자 모집 정보와 필요 물품 정보를 꾸준히 발신하고 있다. 이 측면에서 '자원봉사 문화가 자리 잡았다'는 평가도 나온다.

동일본 대지진 때 자원봉사자들은 일본의 행정 공백을 훌륭하게 메워줬다. 대지진 직후 통신 두절로 인해 이재민이 모여 있는 장소 파악이 늦었고, 공무원들이 중앙의 지시를 기다리느라 비축 물품은 창고에만 쌓여 있었다. 현장에 투입된 자위대 10만 명도 초창기 수색과 복구에 치중하다 보니 피난민들의 식량 문제를 제대로 파악하지 못했다. 이때 구세주로 나타난 사람들이 바로 자원봉사자들이다. 그들은 자신의 차량에 음식을 싣고 와 피해지에서 나눠주고, 상해를 입은 사람들을 치료해주었다. 상사나 상급 기관의 허락이 필요 없기 때문에 공무원보다 훨씬 빨리 행동했다. 자원봉사자들이 없었더라면 동일본에선 자연재해가 아니라 인재(人災)에 의해 사망한 사람도 속출했을 것이다.

하지만 '일본에서 자원봉사가 문화로 정착했다'고 하기에는 이른 느낌이다. 몇 가지 극복해야 할 점들이 있는데, 무엇보다 자원봉사자의 위상이 애매모호하다. 유럽, 특히 북유럽 국가들은 정부가 각종 사회적 지원까지 책임진다. 사회 보장을 포함해 위기 시 각종 대응도 정부가 직접 나선다. 정부 역할에 대한 신뢰감이 높기 때문에 국민들은 높은 세금 부담에도 큰 불평을 하지 않는다. 하지만 정부의 역할이 워낙 커 자원봉사자를 포함한 비영리단체(NPO)가 발전할 여지는 작은 편이다.

반대로 미국이나 호주 등은 '최소한의 정부'를 지향한다. 빈 공백은 자원봉사자와 NPO, 교회 등 민간 조직이 메워주고 있다. 그리고 기부 문화도 뿌리 깊게 자리하고 있어 민간 조직은 더욱 힘을 갖는다. 작은 정부로 자리매김하고 있지만 민간에 따른 협력 문화가 정착되어 있는 것이다.

일본은 현재 그 어느 상태도 아니다. 동일본 대지진과 같은 거대한 재해를 맞아 일본인들이 끊임없이 봉사에 나서고 있지만 평상시 그런 모습을 보이는 것은 아니다. 그렇다고 정부가 모든 사회적 지원을 책임지는 것도 아니다. 일본에서 자원봉사 문화가 정착하기 위해서는 그 방향성부터 결정되어야 할 것이다. 미국과 같은 모델로 간다면 일본 내 자원봉사 활동은 상시적으로 일어나야 할 것이고, 그에 맞도록 각종 제도도 개선되어야 한다.

자원봉사가 시스템화되어 있지 않다는 점도 안타깝다. 자원봉사 접수창구가 동일하지 않고 여기저기 나누어져 있어 여전히 많은 일본인들이 혼란스러워 하고 있다. 피해 지역민과 자원봉사자들을 서로 엮어주는 역할은 시청이나 구청, NPO 등이 제각각 맡고 있다. 일부 피해 지역은 전문성 떨어지는 자원봉사자들이 오히려 주민들에게 피해를 준다고 보고 극소수 혹은 전문적인 자원봉사자들만을 받아들이기도 한다.

자원봉사가 제대로 힘을 발휘하려면 전문적인 코디네이터가 필요하다. 자원봉사자와 피해지의 수요를 잘 연결시킬 뿐 아니라 자원봉사자들의 안전, 앞선 자원봉사자와의 연계성, 자금 관리, 적절한 인원 배치 등을 시스템적으로 처리해야 한다. 자원봉사자 1명의 힘은 약하지만 시스템화되어 조직적으로 움직이면 훨씬 큰 힘을 낼 수 있다.

자원봉사 문화 정착이라고 부르기에는 아직 부족해보이지만 동일본 대지진 때 자원봉사자들의 역할만큼은 분명히 평가해줘야 할 것 같다. 동일본 대지진 발생 약 4달이 지난 시점인 7월 31일 기준으로 자원봉사 숫자는 62만 400명(재해자원봉사센터 등록 기준). 한신 대지진 때 한 달 만에 60만 명이 모였던 것과 비교하면 열의가 좀 떨어져 보인다. 하지만 피해지에 제대로 접근할 수 없고 방사능 문제까지 있다는 점을 고려한다면 결코 적은 숫자가 아니다. 특히 매뉴얼 사회인 일본의 행정 공백을 잘 메워줘 피해 주민들에게 큰 힘이 되었다.

자원봉사자는 인체의 실핏줄

하시모토 쇼코(橋本笙子·46) 씨는 2011년 3월 16일 도쿄를 출발해 미야기(宮城) 현 오사키(大崎) 시로 향했다.[2] 트럭에 식수와 가솔린, 1회용 식료품 등을 가득 실었다.

오사키 시는 미야기 현 북부에 있는 내륙 도시이기 때문에 쓰나미 피해를 입지 않았다. 하지만 지진 여파로 전기와 수도, 기름이 공급되지 않았다. 이 때문에 오사키 시 내 장애인 복지 시설에 고령자 20여 명이 고립되어 있었다. 복지 시설 직원 몇 명이 뒷바라지를 하고 있었지만 물과 음식을 구하지 못했다.

장애인 복지 시설 측은 먼저 시청에 도움을 요청했다. 하지만 "자잘한 곳까지 신경 쓸 겨를이 없다"는 답을 받았다. 복지 시설 직원은 16일 오전 센다이(仙台) 시에 사무국이 있는 고령자 시설 연결 조직 '그룹홈 전국네트워크'에 다시 도움을 청했다. 그룹홈 전국네트워크는 장애인 복지 시설의 사연을 인터넷에 게재했고, 하시모토 씨가 이를 보고 움직인 것이다.

장애인들은 긴급 물품을 보고 '살았다'는 표정을 지었다. 비축한 식수가 간당간당하게 남아 있던 차였다. 기름도 공급받았으니 이제부터 복지 시설 직원이 피난소에 가 음식이나 비상용품을 받아오면 될 터였다.

17일 오전 이와테(岩手) 현 기타카미(北上)에서 미야기 현 센다이로 갈 때 직접 경험한 일이다. 고속도로는 텅 비었다. 당시 일반 차량은 동북 지방의 고속도로를 이용할 수 없었기 때문이다. 하지만 피해 복구에 투입되는 차량이나 언론사 취재 차량은 '긴급'이라는 경찰 발급 스티커를 붙이고 고속도로로 통행할 수 있었다.

당시 『아사히신문』 기자와 함께 취재 차량을 타고 있었기 때문에 고속도

---

2) AERA, 2011년 4월 4일자.

로로 다닐 수 있었다. 점심을 먹으려 도중에 고속도로 휴게소를 들렀지만 식당은 닫혀 있었다. 고속도로로 다니는 일반인들이 없었으니 굳이 식당 문을 열 필요가 없었다. 세 번째인가 네 번째로 들린 휴게소 식당도 닫혀 있었다. 발길을 돌리려는 순간 갑자기 "음식 드세요, 무료입니다"라는 목소리가 들렸다. 문을 닫은 한 식당 앞에서 부부로 보이는 남녀가 간이 조리대 위에서 도시락을 만들었다. 고기 한 점을 구워 밥에 얹은 초간단 도시락이었다.

그들은 "휴게소 식당에 남아 있던 쌀과 재료를 가지고 음식을 만들었다. 동일본 지진 피해지에 가서 음식을 나눠주고 싶지만 현실적으로 힘들었다. 그래서 긴급 작업을 하는 분들에게 도시락을 드리고 있다"고 말했다.

너무나 고마웠다. 알고 보니 그때 먹은 고기는 소 혓바닥을 구운 음식이었다. 규탄(牛タン)으로 불리는 센다이의 명물이기도 했다. 부부의 따스한 마음 덕분이었는지, 그간 밥을 제대로 못 챙겨 먹어서였는지 처음 먹은 규탄 덮밥은 꽤나 맛있었다.

나카가와 요시유키(中川賀之·33) 씨는 자원봉사 경험이 전혀 없는 초짜다. TV에서 동북 지방의 처참한 모습을 본 후 '나도 뭔가 돕고 싶다'는 생각이 들었다. 축구 지도와 통역 등을 하고 있어 시간을 내기도 쉬웠다. 3월 22일 쓰나미 피해가 컸던 미야기 현 게센누마(気仙沼) 시, 이시노마키(石巻) 시 등의 피난소를 방문했지만 의외로 "물자는 넉넉합니다"라는 말을 들었다. 피해지의 상황은 도쿄에서 생각했던 것보다 시시각각으로 좋아지고 있었던 것이다. 자원봉사자로서 뭔가 공허한 느낌이 들었다.

하지만 의외의 봉사 기회가 생겼다. 에콰도르 축구 선수였던 그는 미야기 현 내 에콰도르 인 중 2명이 피해를 입었다는 사실을 알게 되었다. 나카가와 씨는 에콰도르 인의 이야기 상대가 되어 주었다. 그는 자신만이 할 수 있는 봉사를 했다는 느낌에 뿌듯했다. 행정력이 미치지 못하는 곳에 모세 혈관이 되어 피해자를 도왔다는 느낌도 들었다.

주민 자원봉사의 힘

외부로부터 받아들인 자원봉사자가 아니라 피해지 주민들이 스스로 자원봉사대를 꾸리는 경우도 흔했다. 특히 대지진 직후 피난소가 원활하게 돌아가게 하기 위해서는 좋든 싫든 주민 스스로가 자원봉사를 하지 않을 수 없다. 젊은층이 많고 규모가 큰 피난소일수록 주민 스스로가 나서 자원봉사를 하는 경향이 강했다.

이 경우 장점이 많다. 같은 지역 주민이고 함께 피난 온 사람이 자원봉사를 하기 때문에 자원봉사자와 피난민 사이 심리적 거리감이 없다. 무엇이 필요한지도 손쉽게 파악할 수 있다. 이런 주민 자원봉사 덕분에 재해 직후 혼돈 상황에서 피난소가 빠르게 질서를 세울 수 있다.

3월 15일에 방문한 이와테 현 리쿠젠타카타(陸前高田) 시의 제1중학교 피난소는 특히 주민 자원봉사 체계가 잘 잡힌 곳이었다. 당시 리쿠젠타카타를 취재하는 것은 상당한 용기가 필요했다. 차량용 기름 공급이 되지 않아 취재의 베이스캠프로 삼았던 센다이 시를 멀리 떠날 수 없었기 때문이다. 리쿠젠타카타는 센다이에서 약 160km 떨어져 있다.

전날 밤 늦게까지 택시 회사에 연락해 액화석유가스(LPG)를 가득 채운 택시를 섭외했다. 리쿠젠타카타로 가는 도중 길이 끊어졌거나 연료의 절반이 줄어들면 곧바로 센다이 시로 돌아오는 조건으로 택시를 구했다. 그리고 15일 새벽 4시에 센다이를 출발했다. 취재를 마치고 당일 되돌아오려면 최대한 서둘러야 했다.

오전 8시경 도착한 리쿠젠타카타 시내는 형체조차 없이 사라져 있었다. 산비탈에 있는 집들을 제외하고 시의 약 80% 집들이 쓰나미로 흔적 없이 사라졌다. 아니, 마을 자체가 사라져버렸다고 하는 게 더 정확할 것이다. 사흘 전 일본에 도착해 취재한 각종 현장과 견주어봤을 때 피해 규모가 비교할 수 없을 정도로 컸다.

리쿠젠타카타 피해 모습
일본 이와테 현 리쿠젠타카타 시는 초입부터 가옥들이 박살나 있었다.
무너져버린 가옥 파편 속에 소나무 한 그루가 우뚝 서 있는 모습이 인상적이어서 사진을 찍었다.

하지만 제1중학교에 마련된 피난소에 들어서자 아비규환의 피해현장과
달리 '잘 정돈됐다'는 느낌이 들었다. 먼저 중학생으로 보이는 학생 두 명이
정중앙의 책상에 앉아 "이름과 주민등록번호를 말해주세요"라고 말했다. 이
들은 제1중학교에 피난 온 주민들의 리스트를 만들어 벽보처럼 붙였다. 그
래야 다른 피난소에서 가족을 찾아온 사람들이 리스트를 보고 가족 소식을
쉽게 확인할 수 있기 때문이다.

피난민들은 제1중학교의 체육관에 모여 있었다. 각 지역별로 구역을 나
눠 사람들이 앉았다. 역시 가족이나 친척이 찾아왔을 때 쉽게 알아보도록 하
기 위해서였다. 점심시간엔 중년으로 보이는 아주머니들이 주먹밥과 국 한
그릇씩을 피난민들에게 배식했다. 국을 담은 식기는 1회용 물 컵이었다.

'집도 가족도 없어진 사람이 대부분이어서 자기 한 몸 추스르기도 힘들
것이다. 다른 외부에서 자원봉사자가 리쿠젠타카타까지 오기도 무리다. 그
런데 어떻게 피난소가 이렇게 원활하게 돌아갈 수 있을까.' 취재해보니 주민
자원봉사자들의 힘이었다.

다카하시 유키(高橋勇樹 33) 씨는 종업원 2명과 함께 리쿠젠다카다 시에서 전통 공예품을 제조 판매하고 있다. 11일 대지진 당시 그는 인근 내륙 도시인 하나마키(花巻) 시에 출장 중이었다. 지진 직후 리쿠젠타카타의 가족에게 전화를 걸었지만 통화가 되지 않았다. 곧바로 리쿠젠타카타 시로 돌아와 피난소로 지정되어 있는 제1중학교로 갔다. 손으로 쓴 피난자 명부를 봤지만 가족 이름은 없었다. 다른 피난소로 떠나려다 '어차피 가족이 살아있으면 만나게 된다. 오히려 이곳 피난민들을 위해 뭔가를 해야 하지 않을까' 하는 생각이 들었다.

그는 차 안에 있던 컴퓨터와 프린터를 피난소로 가지고 왔다. 엑셀에 피난자 이름을 하나하나 입력해 명부를 만들었다. 다카하시 씨처럼 가족을 찾는 사람이 손쉽게 검색할 수 있도록 말이다.

그날 밤 다카하시 씨를 포함해 몇몇 주민들이 자발적으로 모여 피난소를 어떻게 꾸려갈지 회의를 했다. 우선 운영 본부를 만들어야 했다. 대표는 시청에서 간부를 지내고 정년퇴직한 나카이 쓰토무(中井力) 씨를 위촉했다. 나카이 씨의 지휘 아래 지진 직후 제1중학교에 모인 피난자들을 지역별로 나눠 앉게 했고, 각 지역별로 반장을 뽑게 했다. 본부로부터 연락 사항이 있을 때는 반장을 통해 전원에게 알렸다. 중요 사항은 반장들이 모인 대표자 회의에서 결정하기로 했다.

노인 수발, 구호품 배분, 언론 지원 등 피난소 내 각종 자잘한 실무는 젊은층들이 사무국을 꾸려 하기로 했다. 사무국장에는 다카하시 유키 씨가 뽑혔다. 사무국장 아래 식사 준비와 배식, 각종 구호 물품 접수 및 분배, 물 관리 등을 맡을 담당자들을 각각 뽑았다.

특히 물 관리는 피난민들의 생사를 좌우하는 중요한 임무였다. 쓰나미로 인해 상수도 수원지(水源池)가 오염되면서 상수도는 지진 발생 2달이 지나도 복구되지 않았다. 피난민들은 산골짜기를 흐르는 물과 우물을 받아서 마시거나 자위대 혹은 전국 자치 단체가 지원해준 급수차 물을 이용해야만 했다.

물 관리 담당자인 기쿠치 노보루(菊池昇·44) 씨는 매일 제1중학교 내 수도와 직결된 메인 탱크에 13.5톤의 물을 채우는 것이 주된 임무다. 이 물은 주로 조리와 양치질, 손 씻기에 사용되었다. 하지만 매일 물 양이 간당간당했다. 인플루엔자 예방을 위해 손은 어쩔 수 없이 씻더라도 세수까지 하기에는 물이 부족했다. 기쿠치 씨는 흐르는 수돗물에 세수를 하지 말고 수건에 물을 묻혀 얼굴을 닦아달라고 피난민들에게 몇 번이나 당부했다.

사무국장 보조라는 없어도 될 만한(?) 직책도 있었다. 사무국장 보조로 뽑힌 비디오 가게 점원 야마자키 아키라(山崎亮·26) 씨는 하루 2~3회 기자 회견을 실시한다. 그는 공보관인 셈이다. 애초 기자 회견은 운영 본부의 편의를 위해 시작한 것이었다. 기자들이 찾아와 매번 같은 질문을 했기 때문에 업무에 방해가 되었다. 야마자키 씨는 기자들 앞에서 당일 피난소에서 일어났던 일, 받은 구호품, 앞으로 필요한 구호품 등을 설명했다. 그런데 예상치 못했던 효과가 발생했다. TV와 신문에 리쿠젠타카타의 소식이 보도되자 전국 각지에서 필요한 구호품을 보내기 시작한 것이다. 3·11 대지진 직후 먹을 게 전혀 없었지만 기자 회견을 실시한 후부터 이웃 피난소에 물자를 나눠 줄 정도로 구호품이 풍부해졌다. 그만큼 피난민들의 삶도 나아졌다.

예를 들어 대지진 당일인 11일 제1중학교에는 약 800명의 피난민들이 모였는데 하루에 학교 급수 탱크에 있던 물 1컵씩만 배급되었다. 이불이 없어 학교 커튼을 사용했다. 리쿠젠타카타 시내 건설 회사 도움으로 임시 화장실 8개를 만들었다.

12일에는 편의점 로손에서 주먹밥을 보내줘 아침을 먹었고, 주민들이 기증한 자가 발전기로 히터를 켰다. 떠올려 보면 당시 3월 중순이었지만 눈발이 날릴 정도로 추웠다. 14일부터는 주먹밥과 빵 등을 포함해 하루 3끼를 먹을 수 있었고, 15일부터는 쌀과 야채 등을 가지고 직접 조리한 음식을 먹을

수 있었다. 16일에는 임시 화장실 40개를 증설했고, 음악실을 아이들 놀이
터로 개조했다. 18일 가솔린 공급을 받았고 미니버스 1대도 기증받았다. 20
일이 돼서야 세탁을 시작했다. 세탁은 물을 많이 잡아먹기 때문에 피난 초창
기에는 일절 옷을 빨지 못했다.

이런 일련의 과정에서 주민들은 스스로 나서 운영 본부를 꾸리고 자신이
봉사할 수 있는 분야를 찾아 책임지고 일했다. 피난소를 가동시키기 위해서
어쩔 수 없이 그렇게 했을 수도 있다. 하지만 주민들의 자발적인 책임 의식
이 없었으면 피난소가 1달 이상 제대로 돌아가지 못했을 것이다. 제1중학교
의 피난소를 취재했을 때 '짜임새 있게 잘 돌아간다'는 느낌을 강하게 받은
것은 그만큼 주민 스스로가 자원봉사를 착실히 했다는 의미일 것이다.

커뮤니티 형성이 핵심

초창기 자원봉사자들은 대체로 육체노동을 했다. 무너진 주택과 건물의
파편을 치우는 일에 대부분 투입됐다. 겉으로 멀쩡한 집이더라도 내부엔 진
흙이 가득 차 있었고 가재도구도 엉망이 됐으니 그것도 치워야 했다. 피난소
내부로 배치되어 일하는 자원봉사자들 역시 화장실을 청소하고 노인들 수
발을 들면서 부지런히 몸을 움직였다.

하지만 시간이 지날수록 자원봉사자들의 역할도 달라졌다. 쓰레기를 치
우는 것보다 피해지 주민들이 이전과 같은 생활을 할 수 있도록 만드는 게
중요했다. 그러기 위해서는 지진과 함께 사라진 커뮤니티 기능을 회복해야
했다. 대학생 연합으로 2011년 여름에 실시된 자원봉사 '이와테 GINGA넷
프로젝트'는 그 점을 잘 알고 있었다.

이 프로젝트를 주도한 곳은 이와테현립대학생 자원봉사센터(이하 대학
생 센터)다. 이와테현립대학생들은 평상시도 이와테 지역에서 자원봉사를
해왔다. 그 덕분에 대지진 이후 이와테 현의 피해 지역 주민들이 얼마나 고

생을 하고 있고, 무엇이 필요한지를 빠르게 파악할 수 있었다.

대학생 센터는 전국 대학생들의 열의도 느낄 수 있었다. 전대미문의 재해 속에 전국 대학생들은 '피해지에 뭔가 힘이 되고 싶다'는 의지가 높았다. 하지만 그들은 무엇을 어떻게 해야 하는지를 모르고 있었다. 피해지에 어떻게 접근하고 숙박을 어디서 할 수 있는지도 몰랐다.

대학생 센터는 피해 주민들의 요구와 전국 대학생들의 의지를 묶어보는 실험을 했다. 하지만 혼자 힘으로는 무리였다. 비영리조직(NPO)법인인 유스비전, NPO 법인 사쿠라네트, 이와테 현 사회복지협의회에 사정을 설명했다. 이들 조직들이 의기투합해 2011년 여름방학 때 전국 대학생들이 이와테 현의 지진 피해지에 자원봉사를 하는 '이와테 GINGA넷 프로젝트'를 만들었다.

대학생 자원봉사자 모집은 7월 초에 시작했다. 3주 기간 동안 전국 145개 대학 및 전문대에서 1,250명이 지원했다. 대부분은 자원봉사 경험이 전혀 없었다. 이들은 7월 27일부터 9월 27일 기간 중 1주일 단위로 자원봉사를 했다. 한 주당 80~200명 정도가 자원봉사에 나섰다. 실제 현장에 갈 때는 10명 전후로 그룹을 지어 함께 움직였다. 각 그룹마다 그룹 리더도 뽑았다.

주된 자원봉사 지역은 가마이시(釜石) 시, 오후나토(大船渡) 시, 리쿠젠타카타 시 등이지만 거점은 이와테 현 스미타쵸(住田町)였다. 즉, 스미타쵸의 체육관에서 숙박하면서 매일 정해진 자원봉사 지역으로 버스로 출퇴근하는 형식이었다.

자원봉사자들의 급선무는 피해지 주민들과의 신뢰 관계를 맺는 것이다. 가족과 사별하고 집과 재산이 한순간에 사라져 임시로 마련된 주택에 사는 주민들은 극도로 의기소침해 있었다. 가까이 다가가 말을 거는 것조차 부담스러울 정도다. 그런 사람들에게 "봉사하러 왔습니다. 뭔가 필요한 게 있습니까"라고 말하는 것 자체가 실례다.

그룹 리더였던 하야카와 아키라(早川陽·??) 씨는 "가장 처음 무슨 말을 할지 고민을 많이 했다"고 말했다. 이는 자원봉사자들의 공통점이기도 했다. 대부분 자원봉사자들은 고령자들의 수발을 들고 아이들과 함께 놀아주면서 접촉을 시작했다. 그러면서 서서히 피해지 주민들을 알아 나갔다.

자원봉사자들이 특히 힘을 쏟는 것은 '차 마시며 대화하기' 코너였다. 주민들을 초청해 따끈한 차를 마시면서 말문을 여는 것이다. 임시 주택에는 여러 피해지에서 온 주민들이 살고 있기 때문에 서로가 서로를 몰랐다. 하지만 피해 주민들은 동병상련(同病相憐)의 처지이기 때문에 서로를 가장 잘 보듬을 수도 있다. 그들을 서로 엮는 끈이 필요했다.

차를 마시며 자연스럽게 이야기를 나누다보면 이웃에 대해 알게 되고 자원봉사자들에게 마음의 문도 열었다. 피해 주민들이 정작 필요한 사항들에 대한 혼네(本音·본심)도 들을 수 있었다. "가라오케나 게이트볼과 같이 평상시 항상 즐기던 것을 못하게 돼 안타깝다", "멀리 움직이고 싶어도 교통수단이 없다", "아이들이 뛰어놀 곳이 없어 불쌍하다", "임시 주택에 계속 있으면 숨이 막힌다", "이웃과 이야기를 하고 싶어도 무슨 말을 해야 할지 모르겠다"…. 이런 말을 들으면서 대학생들은 '내가 할 수 있는 일이 뭘까'를 스스로 생각했다.

많은 대학생들은 아이들을 보살피고 공부를 이어나갈 수 있도록 도와주는 데도 노력했다. 아이들은 대지진의 가장 큰 피해자라고도 할 수 있다. 한창 뛰어놀고 꿈을 키워야 할 때에 임시 주택에서 하루하루 무료한 시간을 보내야만 했다. 가족 중에 사망자가 있을 경우에는 정신적 충격으로 입을 닫아버리는 아이들도 있었다.

대학생들은 아이들의 그네를 밀어주고 함께 축구를 했다. 그리고 임시 주택에 있는 아이들끼리 함께 게임을 하도록 해 서로 친해질 수 있도록 배려했다. 아이들은 어른들과 달리 금세 대학생 자원봉사자들을 따랐다. 자원봉사자들이 식사할 때면 옆에 와서 식사가 끝나기를 기다리는 아이들도 많았다.

이외에도 대학생 자원봉사자들은 피해 주민들이 모일 수 있는 장소를 만들고 각종 이벤트를 기획했다. 이와테 현 오츠치쵸(大槌町)의 한 아주머니가 "다 같이 노래라도 한 번 불렀으면"이라고 지나가는 말로 중얼거렸다. 자원봉사자들은 이 말을 흘려듣지 않았다. 그들은 손쉽게 부를 수 있는 노래를 하나 정해 스케치북에 가사를 적었다. 그리고 임시 주택의 집합소에 붙였다. 그랬더니 하나 둘 노래를 흥얼거리는 아주머니가 늘어났다. 합창까지 이뤄지지는 못했지만 피해지의 가라앉은 분위기를 어느 정도 반전시키는 효과가 있었다.

대학생 자원봉사자들은 숙박지로 돌아오면 항상 회의를 열었다. 그날 경험을 서로 나누고 "내일은 이걸 한 번 해보는 게 어떨까"라며 제안을 했다. 그리고 각 피해지마다 상시적으로 마련되어 있는 재해자원봉사센터에 피해 주민들의 요구 사항을 정리해 전달했다. 일주일 간의 봉사 경험과 노하우가 재해자원봉사센터를 통해 계속 이어질 수 있도록 하기 위해서다.

기업 자원봉사 원년

재해가 일어나면 예부터 기업은 성금을 전달하거나 필요한 구호물자를 보냈다. 2011년 동일본 대지진에서도 기업의 지원은 이어졌다. 하지만 과거와 성격이 좀 달라졌다. 기업이 사원들을 피해지에 직접 보내 봉사하게끔 만들었다. 이 때문에 '기업 자원봉사 원년'이라는 말도 들린다. 전후(戰後) 가장 심각한 재해인 동일본 대지진을 맞아 피해지에 구호 자금과 물품만 보내는 게 아니라 따뜻한 마음까지 보내고 싶었던 게 아닐까 싶다.

타이어를 생산하는 브리지스톤은 사내에 희망자를 받아 2박3일 간 이시노마키 시에서 자원봉사를 했다. 목요일 오후 3시 15분에 도쿄 본사 앞에 모여 현장으로 출발. 버스 안에서 잠을 자고 금요일 아침에 이시노마키 시에 도착해 하루 종일 자원봉사한다. 하루를 인근 숙소에서 지내고 토요일 오전 까지 자원봉사를 한 후 오후에 도쿄로 출발한다. 토요일 밤 늦게 도쿄에 도착해 곧바로 해산.

참가 대상은 자회사를 포함한 전 임직원으로 모집은 월 2회 실시했다. 한 번 모집할 때마다 40명을 뽑았다. 40명은 버스 1대에 탈 수 있는 정원이었다. 본사가 왕복 교통비, 숙박비, 식비, 작업에 필요한 도구 등을 모두 책임졌다.

직원들은 의미 있는 자원봉사를 하고서도 일요일 하루 쉬고 출근할 수 있어 매력적이었다. 회사 처지에서 봐도 금요일 하루만 자원봉사 휴가를 받으면 되기 때문에 생산에 별 차질이 생기지 않았다. 게다가 사원들의 애사심이 높아지는 간접적 효과도 있었다.

종합 아웃도어 브랜드인 몽베르는 사원들을 자원봉사자로 보내기 전 철저하게 사전 조사했다. 특히 방사능 위험에서 즉각 대피할 수 있고 물류를 운반하기 쉬우며 식사할 곳이 있는 지역을 찾았다. 이는 등산으로부터 배운 '먼저 자신의 안전을 확보한 다음 남을 돕는다'는 철학에 따른 것이다.

대지진 초창기이고 후쿠시마 원전 문제가 한창 언론에 소개될 때여서 사원들이 적극적으로 자원봉사에 나서지 않았다. 그러자 다쓰노 이사무(辰野 勇·64) 회장이 몸소 이와테 현의 피해지에서 자원봉사를 했다. 다쓰노 회장은 자원봉사를 한 날을 근무일로 인정하게끔 지시했다. 그러자 약 2개월 동안 300명의 몽베르 사원들이 재해 현장에서 땀을 흘렸다.

몽베르클럽 회원 30만 명에게도 자원봉사, 물품, 성금을 모집했다. 전국에서 300톤의 슬리핑백과 방한 도구가 모아졌다. 몽베르는 1개월 반에 걸쳐 피해지 주민들에게 물품을 전달했다.

미쓰비시상사(三菱商社)는 4월 23일 이후 사원을 3박4일 동안 지진 피해지에 꾸준히 보내고 있다. 한 번 파견할 때마다 10명씩 뽑는데 경쟁률이 4대 1에 이를 정도로 인기가 높다. 언제 끝날지는 회사 사정에 따르는 게 아니라 피해지의 수요에 따를 예정이다. 2012년 4월 말까지 계속한다면 사원 약 1,200명을 보내게 된다.

피해지에서는 입사 1년차 신입 사원과 30년차 베테랑 사원이 함께 일하는 경우도 있다. 리더는 서로 협의해 뽑되 근무 연수와 상관없다는 게 철칙이다. 사원들은 대지진 자원봉사를 통해 서로를 알아가는 기회도 얻은 셈이다.

이런 자원봉사도 있다

2011년 7월 29일 가마이시 시 가마이시중학교 체육관. 학생 100여 명이 모여 앉아 무대 중앙의 연기자를 뚫어지게 쳐다보고 있었다. 앞쪽에 앉은 학생들은 연기자들과 불과 한두 걸음 떨어져 있었다. 뒤쪽 의자에 앉은 학생들은 목을 길게 빼 이리저리 돌리며 연기자들을 보고자 애썼다.

이날은 극단 시키(四季)가 동일본 대지진 피해지 주민들을 위해 무료 공연을 한 날이다. 시키는 7월 하순부터 1달 동안 이와테, 미야기(宮城), 후쿠시마(福島) 현의 13개 도시를 찾아다니며 무료로 뮤지컬 공연을 했다. 뮤지컬 제목은 일본 동북 지방을 무대로 한 〈유타와 이상한 친구들〉. 약 1만 4,000명이 무료로 관람했다.

주인공 유타는 도쿄에서 동북 지방의 산골 마을로 전학 온다. 아빠가 돌아가신 후 어머니의 고향으로 온 것이다. 고향에 오자 동북 사투리를 쓰는 엄마가 왠지 낯설어 보였다. 게다가 새 학교의 친구들은 유타를 이지메했다. 유타는 자살까지 생각했다. 하지만 술집에서 일하는 아이를 만나 친구가 된 후 삶의 의미를 찾고 어른스럽게 성장해간다는 내용이다. 유타가 위기를 극복해내는 과정이 대지진 피해를 입은 주민들에게 큰 감동을 주었다.

지진 피해지 공연은 대체로 공립 학교의 체육관에서 이뤄진다. 이 때문에 제대로 된 무대가 없다. 극단 시키는 무대가 없는 점을 감안해 뮤지컬 내용을 일부 수정했다. 특히 평지에서 아이들의 눈높이에 맞춰 연기할 수 있도록 주익했다, 또 아이들이 연기자들을 둘러싸듯 앉혀 줘 더 가까운 곳에서 배우의 호흡까지 느낄 수 있도록 배려했다.

극단 시키는 16명의 출연자 중 11명을 동북 지방 출신으로 채웠다. 이들은 동북 사투리를 구수하게 사용하면서 뮤지컬의 흥을 돋웠다. 출연자들은 동일본 대지진 이후 처음 고향을 방문했는데 공연을 통해 자원봉사를 한 셈이다.

자신도 피난민이지만 개인 시간을 쪼개 언론 취재를 돕는 사람도 있었다. 별도로 정해진 대언론 자원봉사자가 아니다. 피난소 취재를 하던 기자가 인터뷰를 부탁하자 "내일 만나 더욱 자세히 이야기해주겠다. 현장도 안내해주겠다"며 취재 도우미를 자청했다.

세노 유이코(瀬野結衣子·28·여) 씨를 만난 것은 3월 12일 오후 11시경 센다이 시내 피난소인 히가시로쿠반초(東六番町) 초등학교에서였다. 당시 센다이에는 전기가 들어오지 않아 피난소는 깜깜했다. 초등학교 입구에 서성이고 있던 세노 씨를 시(市) 관계자로 여겨 이것저것 물어봤다. 그는 친절히 피난처 구석구석을 안내해주었다. 하지만 알고 보니 세노 씨는 도호쿠(東北)대 박사 과정 학생으로 그 역시 피난을 온 것이었다. 그는 "내일(13일)은 별다른 일정이 없다. 원한다면 센다이 시내 취재까지 도와주겠다"고 했다.

13일 오전 9시에 피난소에서 세노 씨를 다시 만났고 300여 명의 시신이 발견된 센다이의 해변 마을 아라하마(荒濱)까지 안내를 받았다. 택시를 타고 센다이 시내를 돌며 피해 상황도 자세히 설명해줬다. "일부러 시간 내 안내해줘 너무나 고맙다"고 하자 손사래를 치며 "대지진으로 학교도 휴교여서 어차피 할 일이 없었다. 해외에서 일본으로 와 일본의 소식을 전해준다고 하니 내가 더 고맙다"고 말했다.

왜 자원봉사를 할까

자원봉사는 힘들다. 육체적으로도 힘들지만 정신적으로도 힘들다. 생판 모르는 사람들과 만나 한 조가 되고, 또 다시 일면식도 없는 피해 주민을 만나 돕는다는 게 마음 편할 리 없다. 그럼에도 불구하고 수많은 일본인들이 동일본 대지진 후 피해 현장으로 달려갔다.

기자도 2012년 1월 말에 일주일 동안 동북 지역으로 가 자원봉사를 해봤다. 대지진 직후 일본으로 건너가 취재했을 때 가장 인상이 깊었던 리쿠젠타카타로 떠났다. 겨울 들어 주말에는 200명 넘게 자원봉사자들이 몰려오지만 평일에는 50명 내외였다.

자원봉사 센터

2012년 1월 28일 리쿠젠타카타 시 재해자원봉사센터 모습. 오전 8시 반에 집합해 먼저 체조를 하며 몸을 푼 후 자원봉사자 접수가 시작되고, 어떤 봉사를 할지도 결정된다.

일주일 동안 자원봉사를 하며 수십 명의 자원봉사자들을 만났다. 그때마다 "왜 자원봉사를 하느냐"고 물어봤다. 의외로 대답은 명쾌하지 않았다. 주저리주저리 말을 했지만 모든 대답을 갈래 치면 두 가지였다. "피해 주민들에게 나도 뭔가 도움을 주고 싶다" 혹은 "실제 피해지 모습을 직접 보고 싶었다"이다. 그 중 "도움을 주고 싶다"는 대답이 압도적으로 많았다.

"힘들지 않느냐"고 물으면 열이면 열 모두 "전혀 힘들지 않다. 일한 보람이 있었다"고 말했다. 물론 몇 명은 몸도 힘들고 피해 주민들에게 별 도움이 되지 않아 자신의 자원봉사에 실망했을 수도 있다. 하지만 대부분 자원봉사자들은 사상 초유의 거대한 재해를 맞아 남을 위해 일했다는 사실만으로 뿌듯해 했다.

1월 30일 와다 씨(24)와 나눈 이야기를 직접 옮겨 본다. 그의 생각을 깊이 들여다보기 위해 비교적 공격적으로 질문했다. 기자의 신분이 아니라 한국에서 온 자원봉사자로서 함께 일하면서 물어봤다.

> ▷ 필자: 언제부터 자원봉사를 했나?
>
> ▶ 와다: 작년 5월부터 매일 했다.
>
> ▷ 필자: 리쿠젠타카타 시에 사나?
>
> ▶ 와다: 아니다. 기타카미(北上) 시에 산다. 매일 1시간 반씩 차를 몰고 재해자원봉사센터로 온다.
>
> ▷ 필자: 대학생인가?
>
> ▶ 와다: 아니다. 작년에 졸업했다.
>
> ▷ 필자: 자원봉사를 하게 된 계기가 있나?
>
> ▶ 와다: 원래 대학 졸업 후 세계를 걸어서 여행 다니려했다. 그런데 동일본 대지진이 터졌다. 세계 일주와 자원봉사 두 개를 놓고 고민했다. 결국 자원봉사를 택했다.
>
> ▷ 필자: 왜인가?
>
> ▶ 와다: 걸어서 세계를 일주하는 것은 언제든 할 수 있지만 대지진 자원봉사는 지금 안하면 못 한다. 의미도 더 깊다.

▷ 필자: 언제까지 할 것인가?

▶ 와다: 약 10년 정도 생각하고 있다.

▷ 필자: 지금 1년을 잘못 말한 거 아닌가?

▶ 와다: 10년 맞다. 그 정도가 지나야 리쿠젠타카타가 다시 예전 모습을 되찾지 않겠나.

▷ 필자: 10년이란 시간이 너무 낭비라고 생각되지는 않나?

▶ 와다: 낭비가 아니다. 제로에서 시작해 조금씩 마을이 변해가는 모습을 보는 것은 무척 보람 있다고 생각한다.

▷ 필자: 가족들도 모두 동의했나?

▶ 와다: 엄마는 동의했다. 하지만 아버지는 반대였다. 아버지는 '기껏 대학까지 지원해줬더니 취직은 안 하고 무슨 짓이냐'고 했다. 하지만 자원봉사 하러 가는 것을 굳이 말리시지는 않았다.

▷ 필자: 본격적으로 부흥 작업이 시작되면 건설업이 붐을 이룰 것이다. 세계 여행 경비도 벌겸 자원봉사가 아니라 건설 현장에서 일하는 게 어떤가?.

▶ 와다: 싫다. 건설 업종에 일한다고 해도 정규직이 아니라 비정규직이다. 건설 일용직들은 어찌됐든 하루만 지나면 돈을 받기 때문에 질질 끌면서 열심히 일하지 않는다. 그런 비효율이 싫다. 그냥 자원봉사를 계속할 것이다.

▷ 필자: 고향 친구들 중에 함께 자원봉사 하는 사람이 있나?

▶ 와다: 없다.

▷ 필자: 친구가 아니더라도 주변에서 피해지 자원봉사를 많이 하나?

▶ 와다: 자원봉사 한 사람은 거의 없다. 내가 조금 특별한 케이스다.

▷ 필자: 힘들지 않나?

▶ 와다: 힘들지만 보람 있다.

와다 씨는 꽤 무뚝뚝한 편이었다. 같이 자원봉사를 하는 동료들에게 먼저 말을 건네는 법이 없었다. 묵묵히 자기 일만 했다. 점심시간에는 집에서 싸 온 삼각 김밥 두 개를 먹고 나서 곧바로 만화책을 읽었다. 만화책 등장인물 같은 그의 사고와 행동을 이해하기 힘들었지만 그의 진심은 순수해 보였다.

앞서 2011년 8월 초 홋카이도(北海道) 삿포로(札幌)에 있는 게스트하우스에서 오사카(大阪) 출신 이케다 나오미(池田直美 · 31 · 여) 씨를 만난 적이 있다. 그는 직장에 휴가를 내고 1달 동안 홋카이도의 유명 휴양지인 도야(洞爺)호수 인근에서 대지진 피해자 자원봉사를 했다.[3] 기자와 만난 날은 자원봉사를 끝내고 오사카행 비행기를 타기 위해 삿포로에 온 길이었다.

그는 자비를 들여 비행기로 홋카이도로 날아왔고, 직접 가져 온 텐트에서 한 달 동안 잠을 잤다. 아침과 저녁 식사는 역시 가져온 캠핑 장비와 쌀, 반찬으로 직접 해서 먹었고, 점심은 편의점 도시락을 사 먹었다. 참고로 자원봉사자들은 숙소, 식사 등 모든 측면에서 자기완결성을 가져야 한다. 이케다 씨가 주로 맡은 자원봉사 업무는 '아이 돌보기'였다. 부모를 잃은 아이들의 가슴에 상처가 남지 않도록 말동무를 해주고 함께 놀아줬다.

직장에 휴가를 내고 적지 않은 돈을 들여서 한 달 간 자원봉사를 한 소감을 물어봤다. "피해 주민들은 큰 고통을 겪었지만 꿋꿋하게 살아갔다. 아이들도 밝고 명랑하게 생활했다. 피해 주민들을 위해 봉사에 나섰지만 오히려 내가 더 많은 힘을 얻었다." 자원봉사를 하면서 자신 스스로가 더 많은 힘을 얻었다는 말은 이케다 씨 말고도 꽤 많은 사람들로부터 들을 수 있었다.

하지만 냉정하게 생각해보자. 자원봉사는 비효율적인 측면도 꽤 많다.

---

3) 상당수 일본 지자체들은 임시 주택을 짓거나 기존 공공건물을 활용해 대지진 피해자들의 이주를 받아들였다. 홋카이도 역시 주거지를 마련해 지진과 쓰나미 피해를 입은 동북부 지역 주민들을 받아들였다. 2011년 여름은 전력 부족 속에 일본 전역에서 에어컨을 제대로 켜지 못했지만 홋카이도는 한여름에도 시원했기 때문에 피난민들에게 인기가 높았다.

예를 들어 2012년 1월 30일에 직접 자원봉사 한 작업은 쓰나미로 움푹 패어진 해변 곳곳을 돌과 흙으로 메우는 작업이었다. 14명의 자원봉사자들이 달라붙었는데 땅이 얼어 좀처럼 진도가 나가지 않았다. 곡괭이로 땅을 찍었지만 곧바로 튕겨 나올 정도였다. 오전 9시부터 오후 3시까지 부지런히 일했지만 겨우 구멍 2곳을 메울 수 있었다. 만약 포크레인이 있었다면 30분이면 해치울 수 있었을 것이다.

하지만 자원봉사자의 가치는 다른 곳에 숨어 있었다. 리쿠젠타카타 재해 자원봉사센터 직원에 따르면 자원봉사자 존재 자체가 주민들에게 큰 힘이 된다고 했다. 정신적 충격을 받은 주민들이 자원봉사자들을 보면서 '아, 누군가가 나를 도와주고 있구나. 나는 혼자가 아니다'라고 느낀다는 것이다. 그래서 센터는 일부러 자원봉사자들을 마을 주민들 눈에 띄기 쉬운 장소에 배치한다고 했다.

또 한 가지. 마을 주민들이 쑥대밭이 된 자신의 마을을 스스로 치운다는 게 쉽지 않다. 피해 현장을 보면 온갖 악몽이 떠오르기 때문이다. 이때 자원봉사자들이 공백을 메워준다. 주민들이 자원봉사센터에 쓰레기 치우기, 비닐하우스 철거하기 등 각종 일을 의뢰하면 자원봉사센터는 매일 몰려오는 자원봉사자들에게 적절히 업무를 분배한다.

일본은 1990년대 '잃어버린 10년'을 보내면서 경제의 활력을 많이 잃었다. 일본 젊은이들도 눈에 띄게 위축되어 가고 있다. 하지만 자원봉사자들이 나서 일본의 상처를 보듬고 있다. 이런 자원봉사의 열기에 힘입어 일본 젊은이들과 피해지 주민들이 '야루키만만(やる氣満々·하고자 하는 의욕으로 가득 참)' 상태로 바뀌길 진심으로 기원한다.

3장

종교의 재발견

예상치 못한 죽음은 병원에서 투병생활을 하다가 임종하는 것과 다르다. 잠자듯 평안하게 생을 마감하는 경우는 하나도 없다. 2004년 말 인도네시아 수마트라 서부 해안에서 리히터 규모 9.0의 지진이 발생했을 때 태국 푸껫을 취재하며 그런 사실을 분명히 느꼈다. 당시 쓰나미에 희생당한 수백 구의 시신을 봤는데 시신들은 한결같이 뭔가를 말하려거나 움직이는 모습이었다.[1] 이승과 저승의 경계선에서 살고자 몸부림치던 모습 그대로였다.

갑작스런 죽음은 유족들에게도 큰 고통을 준다. 유족들은 '위급한 당시 내가 도움을 주지 못했다', '염치없게도 나만 살아남았다' 등과 같이 강하게 자신을 책망한다. 더욱이 사망 후 며칠 지나 시신이 훼손된 상태에서 만나면 유족들의 가슴은 더욱 찢어진다.

보름 동안 동일본 대지진 현장을 취재하며 많은 유가족들을 만났다. 그들은 터져나오는 울음을 몇 번이나 안으로 삼켰다. 그러다 같은 처지의 이웃을 만나면 서로 안고 울었다. 그 상태에서 유족들이 할 수 있는 것은 사자(死者)의 영혼을 달래주는 길밖에 없었다. 무교(無敎)인 사람도 자연히 종교에 의지하게 된다.

대지진을 계기로 일본에서 종교가 새롭게 조명받고 있다. 살아남은 자는 정신적 충격을 누그러뜨리기 위해, 또 죽은 자의 영혼이나마 저세상으로 평

1) 2005년 1월 5일자 기자의 눈 '쓰나미 유족의 눈물'.

안히 가게끔 하기 위해 종교에 의지하고 있는 사람들이 늘고 있다

신토(神道)와 불교

일본의 대표적인 종교는 신토(神道)와 불교다. 2011년 현재 전국의 진쟈(神社: 신을 모시는 곳)는 약 8만1,000개, 절은 약 7만6,000개다. 일본 내 편의점 숫자가 5만 개인 점을 감안하면 진쟈나 절이 얼마나 많은지 알 수 있다. 작은 시골의 경우 편의점은 없어도 진쟈와 절은 반드시 있다. 한국의 경우 조선시대에 숭유억불(崇儒抑佛) 정책으로 절이 탄압을 피해 산 속으로 숨어들었지만 일본은 도심 내 한가운데 자리잡고 있다. 진쟈도 마찬가지다.

〈표 1〉 일본의 신토와 불교

신토	불교
진쟈: 전국 8만1,000개	절: 전국 7만6,000개
간누시(神主): 7만 명 ※간누시는 진쟈에서 제사의식을 관장하는 사람	승려: 34만 명

자료: 『일본 종교연감』(2009년 기준)

『일본 종교연감』(2009년 기준)에 따르면 일본의 신토계 신쟈는 1억842만 7,100명이다. 일본 인구가 약 1억2,800만 명이니 전 인구의 85% 정도가 신토를 믿고 있다. 사실상 국민종교라고 보면 된다. 불교 신쟈는 8,750만6,504명으로 전체 인구의 68%에 해당한다. 기독교 신쟈는 신토나 불교에 비해 훨씬 숫자가 적다.

〈표 2 〉 일본의 신자 구분

종교	신토	불교	기독교	기타
신자	1억842만7,100명	8,750만6,504명	236만9,484명	888만135명

자료: 『일본 종교연감』(2009년 기준)

신토와 불교 신자를 합치면 일본 인구를 훌쩍 뛰어넘는다. 한 사람이 통상 두세 개 종교를 가지고 있다는 의미다. 일본인들은 신앙심 깊게 특정 종교를 믿기보다는 생활 속에서 가볍게 종교생활을 한다. 정월이면 진쟈에 가서 참배하는 것처럼 말이다. 때문에 한 사람이 깨닫지 못하는 사이에 여러 개 종교를 가지는 경우가 많다.

일본인들은 왕왕 "종교가 없다"고도 한다. 일본인들은 태어날 때 '오미야마이리(お宮参り)'라고 해서 진쟈에 가서 참배하고, 결혼할 때에는 기독교 교회에서 화려한 기독교식 결혼을 올리고, 죽고 나서는 불교 사원에서 장례식을 치른다. 그때그때 맞춰 뒤죽박죽 종교생활을 하고 있기 때문에 일본인에게 "당신의 종교는 무엇인가"라고 물으면 한참 생각하다가 결국 "무종교"라는 답이 나오는 것이다.[2]

하지만 일상에 녹아든 생활 종교까지 포함한다면 많은 일본인은 어떠한 형태로든 종교와 관계하고 있다고 봐야 한다. 엄밀한 의미의 무종교는 극히 드물다. 일본에서 종교를 이야기할 때는 이런 이중성을 감안해야 한다.

일본의 양대 종교인 신토와 불교는 역사 속에서 서로 영향을 주고받는다. 신토는 일본 고유 신앙이며 일본의 역사와 함께한 종교인데, 불교가 들어오면서 신토의 개념이 명확해지고 종교로서 자리잡는다. 신토와 불교가 공존하다가 부시(武士: 무사)가 전면에 등장한 가마쿠라바쿠후(鎌倉幕府,

---

2) 『일본인은 왜 종교가 없다고 말하는가』, 아마 도시마로(阿満利麿) 지음, 정형 옮김, 예문서원.

1192~1336) 시대에 불교가 전성기를 이루다 하지만 1868년 메이지유신(明治維新) 이후에는 정부의 의도에 의해 신토의 힘이 극대화된다.

먼저 신토부터 살펴보면 신토는 창시자나 경전이 없다. 비, 산, 나무, 강 등과 같은 자연물을 숭배하는 자연발생적인 종교다. 고대 일본인들이 사냥을 잘 되게 해달라며 나무에게 비는 것과 같은 형태다. 이때는 종교라는 개념도 없었다. 따라서 많은 학자들이 일본 고대의 신(神) 신앙에 대해서 신토라고 하지 않고 신기숭배(神祇崇拜) 혹은 신기신앙(神祇信仰)이라고 부른다. 이 책에서는 혼란을 피하기 위해 신토로 통일한다.

시간이 지나면서 신의 대상은 자연물뿐 아니라 사람으로까지 넓어졌다. 자신의 조상을 모시기도 하고, 전쟁에 목숨을 잃은 사람들을 신으로 떠받들기도 한다. 창시자 없는 자연발생적인 종교이다 보니 신화와 깊이 관계를 맺고 있어 신화에 나오는 다양한 신들을 모신다. 신토는 유일신을 모시는 게 아니라 다양한 신들을 숭배한다는 것은 다른 종교와 큰 차이점이다.

미야자키 하야오(宮崎駿) 감독의 만화영화 〈센과 치히로의 행방불명〉을 보면 주인공 치히로가 일하는 여관에 밤마다 수많은 신들이 찾아와 목욕을 즐긴다. 이는 신토의 다신교 사상과 일맥상통한다고 볼 수 있다. 다양한 신들은 그 역할도 달라 들어주는 소원도 다르다. 소원에 따라 그에 맞는 신을 찾아 소원을 빌어야 하는 셈이다.

신토는 진쟈신토(神社神道, 교단신토(敎団神道), 민조쿠신토(民俗神道) 등 크게 3가지로 구분된다. 진쟈신토는 진쟈와 그곳에서 제사를 지내는 신을 중심으로 하는 신앙으로 현대 신토에 있어 가장 중심적인 존재다. 교단신토는 바쿠후 말기에 신토계에서 등장한 새로운 종교들을 통틀어 일컫는다. 민조쿠신토는 종교단체를 결성하지 않고 가정이나 개인이 운영한다. 일상의 생활 속에 지연이나 혈연으로 이어져 전해내려오는 신앙형태다.

진쟈신토의 진쟈는 신들을 모셔 놓은 곳이다. 처음에는 나무나 돌, 산 등에 직접 제물을 올리고 제사를 지냈지만 점차 제사를 지내기 위한 건물을 짓고 그 안에서 제사를 지내게 됐다. 많은 일본인들이 새해가 되면 진쟈에 가서 참배를 하지만 의외로 그 의미나 방법에 대해 잘 모르는 경우가 많다.

진쟈 입구에는 반드시 도리이(鳥居)라고 하는 천(天)자 모양의 문이 있다. 이는 신의 영역과 속세를 구분짓는 문이다. 그 기원은 여러 가지인데 새[鳥]가 머무는[居] 나무가 나오는 신화에서 그 유래를 찾는 설이 있다. 또 일본인들은 새가 신의 사신(使臣)이라고 믿기 때문에 새[鳥]가 쉬어가라[居]는 의미에서 '도리이'라고 부른다는 설도 있다.

아카마진구의 도리이

일본 야마구치(山口) 현 시모노세키(下関) 시에 있는 아카마진구(赤間神宮) 모습. 1185년 3월 전쟁에서 패배하자 8세의 나이에 바다에 몸을 던져 목숨을 끊은 안토쿠(安德) 덴노를 모신 신궁이다.

경내에 들어가면 물로 왼손, 오른손, 입 순으로 씻는다. 그 후 옷 매무새를 가다듬는다. 몸을 깨끗이 한다는 의미다. 앞으로 나아가 하이덴(拝殿: 진쟈에서 절을 하기 위해 세운 건물)까지 간다. 사이센(賽錢: 소원성취하기 위해 신에게 바치는 사례금)을 넣고 방울처럼 생긴 종을 친다. 종을 치는 것은 신을 부르는 신호다.

참배는 진쟈에 따라 조금 다르기도 하지만 두 번 절하고, 두 번 박수치고, 한 번 절하는 게 일반적이다. 두 번씩 깊이 절하는 것을 다시 두 번 반복하는 것은 일본 전통의 인사법. 박수를 치는 것은 신토의 전통적인 인사법. 이 두 가지가 결합된 것이다.

신사에는 나뭇가지에 흰 종이를 매달아놓은 것을 볼 수 있다. 이것을 오미쿠지(おみくじ)라고 한다. 이것은 제비뽑기로 길흉을 점치는 종이다. 나쁜 점괘가 나오면 나뭇가지에 묶어 액을 털어버린다. 일본의 축제인 마쓰리(祭り)는 대부분 마을의 수호신에게 올리는 제례의식이다. 신을 정성을 다해 잘 모시면 자신들의 삶도 풍요롭게 된다는 믿음을 가지고 있다.

이처럼 신토는 일본 역사와 더불어 시작됐을 뿐 아니라 일본인의 생활 속에도 밀접하게 연관되어 있다. 이 때문에 일본인들은 자신이 깨닫지 못하는 사이에 자연스럽게 신토 신자가 되어 있다. 따로 누군가가 포교나 설교를 하지 않는데도 말이다.

반면 불교는 인도, 중국, 한국을 거쳐 일본에 들어온 외래 종교다. 일본 역사서인 『니혼쇼키(日本書紀)』(720년)에 따르면 긴메이(欽明) 덴노(天皇: 천황) 13년인 552년에 불교가 일본에 전해졌다.[3] 긴메이 덴노가 불교의 채택 여부를 신하들에게 물었더니 많은 신하들이 반대했다. 그럼에도 불구하고 덴노가 불상을 안치하도록 하자 나라 안에 역병이 유행했다는 기록이 나온다. 부처를 이국(異國)의 신으로 보고 일본 내 전래를 문제시하고 있는 것이다.

하지만 스이코(推古) 덴노(554~628년) 시절 쇼토쿠(聖德) 태자로 인해 일본은 불교사의 획기적인 시기를 맞는다. 쇼토쿠 태자는 중국 수나라에 사신

---

3) 불교의 정확한 전래 시기는 파악하기 힘들다. 일본의 고문서인 『간고지엔기(元興寺緣起)』에는 불교의 전래 시기를 538년으로 표기했다.

을 보내 중국을 배우게 했고 불교를 크게 장려했다. 이에 따라 7세 초 백제 등의 영향을 받아 나타난 일본 최초의 불교 문화인 아스카(飛鳥)문화를 꽃피웠다.

아이러니하게도 불교가 들어오자 일본 토종의 신토도 그 성격을 명확하게 하게 됐고 종교로서도 자리잡는다. 불교가 부처를 모시자 신토도 각 신들의 개성을 명확히 한다. 불교의 절을 보고 진쟈도 나타나게 됐다. 불교와 구분짓기 위해 과거 자연발생적으로 믿던 신앙을 '신(神)의 도(道)'로 구체화시켰다.

고대에서 중세에 걸쳐 신토와 불교는 밀접하게 발전하면서 때로는 융화되기도 했다. 이를 신부쓰슈고(神仏習合)라고 한다. 예를 들면 △신은 방황하는 존재로서 부처의 구제를 필요로 한다는 사고방식, △신이 불교를 수호한다는 사고방식, △불교의 영향으로 새로운 신의 형태로 만들어진다는 사고방식, △사실 신은 부처가 중생을 구하기 위해 모습을 바꿔 세상에 나타난 것이라는 사고방식 등이 생겨났다.[4]

가마쿠라바쿠후 시대는 일본의 불교사에서 가장 빛나는 시대다. 이 시대는 일반 민중의 생활이 나아지고 상업도 활발해지면서 종교적 요청이 높아졌다. 본 사찰을 떠나 자유롭게 수행하고 포교 활동을 하는 승려들도 많았다. 이들은 국가로부터 급여를 받으며 정부에 소속된 승려와 달리 포교에 적극적이어서 가마쿠라 시대 불교를 활성화시킨 핵심 역할을 했다. 큰 사찰은 토지를 소유하며 거대한 경제력을 바탕으로 정치적인 영향력까지 미칠 정도로 세력이 커져다.

기독교는 16세기에 일본에 들어와 큰 영향을 미쳤지만 17세기 전반기에 대대적으로 탄압받으면서 급속히 쇠퇴한다. 17세기에는 유교가 부시(武士) 사회에 큰 영향을 미치면서 과거 신토와 불교 중심에서 신토, 불교, 유교의 공존 시대가 됐다.

---

4) 『일본 종교사』, 스에키 후미이코(末木文美士) 지음, 백승연 옮김, 논형.

신토와 내셔널리즘

1868년 부시의 바쿠후(幕府) 시대가 끝나고 메이지 시대가 문을 열었다. 안으로는 부시가 가지고 있던 정치와 군사 업무에 대한 전권을 덴노 아래에 두는 큰 변화가 일어났다. 계급사회도 허물어졌다. 계급을 표상하는 징표나 복장이 폐지되었고, 천민계급은 해방되었다. 당시로서는 천지개벽이었다.

밖으로는 미국의 대형 증기선이 통상을 요구하며 일본 해협에 모습을 드러냈다. 당시 일본인들은 증기선을 처음 봤는데 '구로후네(黒船)'라 부르며 큰 위협을 느꼈다. 미국뿐 아니라 서구 열강들이 잇달아 '통상'이라는 이름을 내걸고 일본을 위협했다.

메이지 정부(1868~1912)는 외세가 밀려들어오는 사회적 혼란기에 국민을 결속시켜야 했다. 그러기 위해선 구심점이 필요했다. 정부는 메이지 덴노를 신으로 선포해 신성불가침의 영역으로 만들면서 '덴노 신격화' 작업에 돌입했다. 이때 신토를 국교로 정하면서 '곳카신토(国家神道)'라고 불렀다. 전통 종교를 국가의 관리 아래 편입시킨 것이었다. 곳카신토는 왕실(皇室)의 조상신을 최상위에 뒀다. 곳카신토를 믿는 것은 곧 덴노를 신으로 떠받드는 것과 같았다.

메이지 정부는 신토를 국교화하면서 신토와 불교를 분리했다. 진쟈에 소속하여 불사(佛事)를 맡았던 승려들을 모두 절로 돌려보내고, 진쟈에서 불상을 떠받들지 못하게 했다. 이로 인해 오랫동안 지속됐던 신부쓰슈고(神仏쩝合)는 끝나고, 신토는 불교보다 우위에 서게 됐다.

1880년대 이후 곳카신토는 불교, 기독교 등과 같은 일반 종교에서 분리돼 '국가의 제사'라고 하는 하나의 이념으로 특권적 지위를 확보했다. 이후 신사참배는 종교의 유무를 불문하고 국민의 의무로 강요됐다. 국가의 제사에 국민들이 참배하는 것은 당연한 것이라는 논리였다. 한국에서 종교에 관계없이 '국기에 대한 경례'를 하듯 신사참배는 자신의 종교 여부를 떠나 전 국민이 해야 하는 의무라는 것이다. 곳카신토에 대한 비판은 일절 허용되지 않았다. 곳카신토는 덴노에 대한 충성을 불러일으키는 핵심 이데올로기가 된 것이다.

인간이 아니라 신(神)인 덴노, 그 논리를 뒷받침해주는 곳카신토. 일본 국민들은 교육을 통해 이와 같은 사상을 주입받으면서 덴노의 명령이라면 자살공격조차도 기쁘게 받아들이게 됐다. 또 "일본은 신이 지켜주는 특별한 나라"라고 인식하게 됐다. 그렇게 정신무장이 됐을 무렵 일본은 청일전쟁(1894~1895)과 러일전쟁(1904~1905)을 벌인다. 그리고 연거푸 승리했다. 일본은 특히 세계 최강이었던 러시아 함대를 무너뜨리자 자신감에 크게 도취됐다.[5] 메이지 시대를 열며 일본이 롤 모델로 삼았던 서구 열강의 하나인 국가를 일본이 무찌른 것이다. 그때 즈음 일본을 바라보는 서구의 시선도 달라졌다. 일본은 아시아 국가 중 유일하게 서구 열강의 식민지 쟁탈전에 함께 뛰어들었다.

20세기 들어 일본은 아시아 침략에 나섰다. 조선과 만주, 중국을 침략했다. 일본은 아시아의 점령국에도 신사참배를 강요했다. 신토는 종교가 아니고 국민의례이고 조상에게 경의를 표하는 것이라고 설득했다. 1910년 한일합방 이후 일본은 한국의 학교에서 필수적으로 신사참배를 하도록 했고, 1930년대 일제가 아시아 대륙 침략을 본격화하면서 한국에 있는 기독교계 학교는 물론 교회의 성직자들에게까지 신사참배를 강요했다. 신사참배를 하지 않는 학교, 교회는 폐교시켰다.

---

5) 청일전쟁 이후 일본과 청나라는 시모노세키조약을 맺게 된다. 조선의 자주독립국 인정, 랴오둥반도(遼東半島)와 타이완(臺灣)을 일본에 할양, 배상금 2억 냥을 일본에 지급 등과 같은 내용을 담았다. 야마구치(山口) 현 시모노세키(下関) 시에 가면 당시 조약을 맺은 장소를 '일청강화기념관'으로 정해 지금도 보존하고 있다. 폭 약 1km의 간몬(関門) 해협이 한눈에 들어오는 바닷가 옆 비탈에 위치해 있다. 그곳에 가면 조약을 맺은 장소가 왜 시모노세키였는지 이유가 나온다. "일본의 군사력을 자랑할 수 있는 최적의 장소였기 때문이다. 일본 군함이 아시아 대륙으로 향해 좁은 해협을 통과하는 광경은 청국 사절단에 위협을 줬고, 그 후의 교섭도 일본의 페이스대로 전개됐다." 자신감에 도취된 모습의 일면을 보는 듯하다.

하지만 1945년 일본이 2차 세계대전에서 패하면서 곳카신토도 해체됐다. 1945년 12월 15일 연합군총사령부(GHQ)는 곳카신토 폐지령을 내리면서 종교와 국가를 분리했다. 일본 국민은 국가가 지정한 종교 및 제식에 따르지 않아도 되도록 조치한 것이다. 패전 이듬해인 1946년 제정된 일본국헌법 제20조에도 신교(信敎)의 자유를 못 박았다. 일본의 패전 이후 일본에서는 종교의 르네상스 시대가 열린다. 기성 종교인 불교와 기독교도 활동을 재개했고, 각종 새로운 종교들도 물밀 듯이 밀려왔다. 하지만 주류는 역시 신토와 불교였다.

불교와 장례(葬禮)

메이지유신 이후 신토의 힘이 절대적으로 강해지자 불교는 제 목소리를 내지 못했다. 히로시마(広島) 출신 불교 운동가인 세노오 기로(妹尾義郎) 씨가 1930년 신흥불교청년동맹을 결성해 반파시즘 운동을 일으켰지만 1937년 치안유지법에 의해 해산했다. 그밖에 눈에 띄는 운동은 없었고 오히려 자진해서 전쟁에 협력했다. 덴노를 부처와 동일시하거나 군부에 협력하기도 했다.

국민에 대한 불교의 영향력도 매년 줄어들었다. 신자 수(문부과학성에 불교계 종교법인으로 소속된 곳으로 한정)는 2004년 약 5,600만 명이었지만 2008년에는 약 4,800만 명으로 줄었다. 불교 신자들도 강한 소속감을 가지지 않았고, 절은 지역 주민들의 화합의 장소 역할을 하지 못했다.

하지만 죽음에 관한 의례는 예로부터 지금까지 불교가 독점하다시피 했다. 일반적으로 불교는 부처의 깨달음을 얻기 위해 현세에서만으로는 불충분하기 때문에 몇 번이고 환생하여 수행을 계속해야 한다고 설명한다. 하지만 일본 천태종은 현세에서 덕을 쌓으면 곧바로 부처가 될 수 있다고 본다. 이는 살아 있는 사람이 의례를 지내면 죽은 사람이 성불한다는 장례불교(葬

禮佛敎)로 이어졌고, 많은 일본인들의 공감을 얻었다.

일본 사회에 불교가 정착하는 데 큰 역할을 담당한 것도 장례불교의 덕이 컸다. 일본의 절에 가면 빠짐없이 묘비를 볼 수 있다. 불교식으로 장례를 치르고 화장한 후 뼛가루를 항아리에 넣어 절 내 묘소에 보관한다. 일본인들에게 "납골당이 따로 있는데 왜 절에 납골하느냐"고 물으면 대부분 답을 못한다. 장례불교의 영향으로 어려서부터 절에는 항상 묘소가 있는 모습을 봐왔기 때문에 '절→장례→납골'이란 도식이 머릿속에 자리잡고 있다. 너무 당연한 내용을 물으니 제대로 답을 못하는 것이다. 반면 일본에서 유교식 혹은 신토식 장례식은 10% 안쪽이다.

야마구치 현 시모노세키 시내에 있는 묘비가 있는 절 고잔지(功山寺).
불전 뒤로 묘비들이 넓게 퍼져 있다. 불전 바로 뒤에 자리가 없기 때문에 새 묘비는 점차 산 가까이에 세워지고 있다. 일본에서 가장 오래된 선사(禪寺) 양식의 불전을 갖고 있어 국보로 지정되었다.

하지만 2010년 종교학자인 시마다 히로미(島田裕巳) 씨가 『장례식은 필요없다(葬式は 要らない)』는 책을 펴낸 이후 일본에서 '장례 불필요'라는 목소리가 폭발적으로 높아지고 있다. 시마다 씨는 "장례식에 큰 비용을 들이고서 도대체 무엇이 남느냐"고 반문한다.

장례 불필요 주장이 힘을 얻은 것에는 몇 가지 이유가 있다. 먼저 일본의 장례식 비용이 너무 비싸다. 시마다 씨는 책에서 "일본의 장례식 비용은 세계에서 가장 높다"고 말했다. 일본소비자협회에 따르면 장례식 전체에 들어가는 전국 평균 비용은 2010년 기준 223만6,000엔이다. 세부적으로 보면 △제단과 관 등 장례에 필요한 도구와 인건비가 전국 평균 126만7,000엔, △요리와 답례품 등 참배객 접대 비용이 45만5,000엔, △절 시설 이용과 답례에 들어가는 종교 비용이 51만4,000엔이었다.

두 번째 이유는 남에게 보이기 위한 허례허식에 대한 반성이다. 일본이 고도성장을 하던 1960~1980년대 장례식은 가족의 재력과 사회적 지위를 보여주는 지표였다. 화려한 제단, 초호화 영정 차량이 이때 유행했다. 하지만 1990년대 거품경제가 터지면서 사회가 변했다. 일본에서 사망자의 절반 이상이 80대 이상 고령자다. 당연히 배우자도 고령이고 상주가 되는 자녀들조차 60세를 넘는 노인인 경우가 허다하다. 이 경우 장례식에 오는 문상객들은 그리 많지 않다. 고인이 왕성한 사회활동을 하지 않았다면 장례식에는 가족과 친척 정도만 참석한다. 그 경우 다른 사람의 눈을 굳이 의식할 필요가 없다. 장례식 비용을 그만큼 대폭 줄일 수 있다.

세 번째는 무엔샤카이(無緣社会)[6]의 영향이다. 장기 투병한 가족이 숨을 거두면 이미 임종을 각오한 유족들은 "고통 없는 곳으로 가서서 새 삶을 사시라"며 홀가분한 마음을 갖기도 한다. 이 경우 장례는 그동안 소원했던 가족과 친척들이 한 곳에 모이는 의미가 크다. 하지만 무엔샤카이로 인해 가족 공유의 장은 필요 없다고 느끼는 사람들이 많아지면서 장례식 역시 불필요한 것으로 인식하고 있다.

---

6) 일본 NHK가 2010년 1월 '무엔샤카이(無緣社会)'라는 다큐멘터리를 통해 매년 3만2,000명이 가족이나 친척 없이 혼자 죽는다고 보도했다. 이 다큐멘터리는 큰 사회적 파장을 일으켰고, 덩달아 무엔샤카이라는 단어도 유명해졌다.

동일본 대지진과 종교

종교에 대한 인식이 희미해질 만큼 희미해졌을 때 동일본 대지진이 일어났다. 약 2만 명이 죽거나 행방불명됐다. 살아남은 유가족들의 충격은 컸다. 아침밥을 같이 차려먹은 남편, 직장에 다녀온다며 손 흔들고 떠난 아들이 갑자기 주검으로 나타난 것이다. 살아남은 사람도 집이 무너져 오갈 데 없는 처지가 됐다. 마른하늘의 날벼락이었다. 이런 절박한 상황에서 종교인들이 유족들의 상처 치유에 나섰다.

대지진이 일어난 후 49일째 되는 4월 28일. 후쿠시마(福島) 현 소마(相馬) 시에는 '동일본 대지진 희생자 49일 합동법요'가 열렸다. 전국에서 약 200명의 승려들이 지원 물자를 차에 싣고 왔다. 이 법요는 어떤 불교 종파를 믿는지에 상관없이 지역 주민 모두 참석할 수 있었다. 그날 영정을 들고 참석한 주민들은 2,000명을 웃돌았다. 행사장에 자리가 모자라 로비까지 사람이 빽빽이 들어찼을 정도로 많은 사람들이 몰렸다.

한 명씩 분향하고 공양을 하는 동안 승려들은 독경을 하며 망자의 영혼을 위로했다. "사람은 태어나 결국은 흙으로 돌아간다. 임종하기 좋은 순간, 나쁜 순간은 정해져 있지 않다. 대지진 희생자 모두 열심히 생을 살았다. 이제는 몸도 마음도 편안히 저 세상으로 떠나도록 해주자…." 승려들은 이렇게 유가족들을 위로했다. 많은 유가족들이 눈물을 흘리며 그 말씀을 받아들였다.

승려 히사노 가시요(久野雅照) 씨는 한 일본 언론과의 인터뷰에서 "망자를 위한 49제를 지낸 후 매월 11일에 위령제를 연다. 그때 많은 분들이 분향하러 온다. 대지진 이후 사람들이 절로 되돌아오는 것을 실감할 수 있다"고 말했다.

후쿠시마 현 조엔지(常圓寺)의 아베 고유(阿部光裕) 주지스님은 대지진 발생 두 달 후 '꽃에게 소망을'이라는 시민단체를 조직했다. 그리고는 방사능을 전하하기 위해 해바라기를 심기 시작했다. 해바라기가 방사능 제거 효과가 있는지 제대로 검증되지 않았지만 일단 스스로 해볼 수 있는 일을 해보자는 생각에서다.

사찰 안에 20만 개의 해바라기 씨앗을 뿌려 모종을 키운 후 그 모종을 후쿠시마 지역민에게 나눠줬다. 해바라기는 후쿠시마 곳곳에 퍼져나가 모종이 부족해질 정도였다. 그러자 아베 스님과 시민단체는 재배법 등을 설명서로 만들어 씨앗과 함께 나눠줬다.

스님이 솔선수범하자 주민 100여 명은 손수레를 끌고 나와 자원봉사에 나섰다. 현지 기업들도 도움의 손길을 보냈다. 아베 스님은 조엔지의 홈페이지에 "승려의 길은 생로병사를 겪는 속세인의 인생에 조금이라도 도움이 되도록 성실하게 살아가는 길을 제시하는 것"이라고 썼다.

불교계뿐만이 아니다. 대지진 직후 피해지에는 많은 종교인들이 피해자의 마음을 치유하기 위해 분주히 움직였다. 종교와 종파의 벽을 뛰어넘어 종교인들끼리 협력하는 모습도 보였다. 1995년 한신(阪神) 대지진 때는 볼 수 없던 모습이다.

2011년 4월 미야기(宮城) 현 센다이(仙台) 시에서는 기독교와 불교 등 여러 종교인들이 책상을 펼쳐놓고 피해자들의 이야기를 듣는 '마음 상담실(心の相談室)'을 열었다. 일본 기독교 센다이시민교회가 이런 제안을 하자 불교계가 "함께 하자"며 화답했다. 종교단체뿐 아니라 의사, 비영리단체(NPO) 등 19개 단체도 협력하겠다며 나섰다.

수십 년 동안 말기 암 환자를 치료한 의사, 각종 재난지에서 자원봉사를 한 전문가 등이 저마다 유가족들과 상담을 했다. 종교인들은 특히 갑작스럽게 생과 사로 나뉜 운명에 유가족들이 순응하도록 마음을 어루만졌다. 이들은 무료 전화상담도 실시하고 있다.

종교인들은 매주 한 번씩 '이동 카페'도 열고 있다. 트럭에 의자와 음료수,

과자를 싣고 대지진 피해지를 찾아가 카페를 여는 것이다. 아이들부터 고령자까지 누구나 찾아와 음료와 과자를 즐길 수 있다. 종교인들은 주로 피해 주민들의 이야기를 경청한다. 주민들은 승려나 목사의 얼굴을 보는 것만으로도 마음의 위안을 얻었다.

종교인들은 유가족의 상처를 보듬을 뿐 아니라 피난소와 구호품을 공급하는 역할도 했다. 지바(千葉) 현의 한 절은 지진 직후인 3월 16일부터 4월 중순까지 1달 동안 원전사고로 피난해야 했던 후쿠시마(福島) 현민 9세대 25명을 받아들였다. 받아들인 피난민 숫자는 많지 않지만 이런 사례가 늘어난다면 그 힘은 커질 수 있다고 내다보고 먼저 시작한다는 데 의의를 뒀다.

이 절의 승려는 5명. 첫날 저녁 식사와 이튿날 아침 식사는 승려들이 준비했지만 그 후는 피난민들이 직접 해결하게끔 했다. 유치원 아동부터 79세의 고령자까지 피난민들은 3개조로 나눠 조리와 청소 등을 해냈다. 승려들은 지역 연락망에 "원전 피난민들을 받아들였다"고 전했다. 그러자 그다음 날부터 야채와 쌀 등 식료품과 생활용품 등 구호품이 절에 배달되기 시작했다. 지역 대학생 등 56명이 자원봉사를 하러 오기도 했다.

이런 종교인들의 노력으로 일본 국민들은 종교에 대해 다시 생각하게 됐다. 과거 일본에는 진쟈와 절이 커뮤니티의 중심이었다. 진쟈와 절 주변에 집락이 생겼고 축제와 행사 때면 많은 사람들이 모였다. 대지진 후 종교단체의 노력으로 단번에 진쟈와 절이 과거처럼 되돌아가지는 못할 것이다. 하지만 적어도 일본인들이 대지진 후 종교에 의지하면서 조금씩 평상심을 찾고 있는 것은 분명해 보인다.

장례문화 재인식

3·11 대지진 이후 '장례 불필요' 주장도 완전히 사라졌다. 1,000년에 한 번 올까 말까 한 대재앙 속에 많은 사람들이 명복을 빌고 혼을 위로하는 종

교적 의미를 재인식하게 된 것이다. 돈으로 따질 수 없는 가치를 깨닫기 시작했다고나 할까.

장례는 대지진 발생 6개월이 지난 시점에서도 끊임없이 이어지고 있다. 대지진 발생 직후 각종 여건이 되지 않아 피해지에 가매장한 관을 꺼내 새 관에 옮겨 화장하면서 장례까지 치르고 있기 때문이다. 그 중에는 행방불명 된 가족을 몇 달간 기다리다가 결국 죽음을 받아들이고 장례를 부탁하는 경우도 있다.

'장례불교'라는 말 속에는 불교의 위상을 무시하는 뉘앙스도 담겨 있다. "스님이 염불은 하지 않고 돈만 밝힌다"는 것이다. 하지만 이번 대지진에서 승려들은 지진 피해지의 화장터에서 스스로 독경을 하며 망자를 위로했다. 소규모의 이동식 불단을 만들어 여러 유가족들이 돌려 사용하게 한 승려도 있었다. 피해지 주민들은 진심으로 감사해 했다.

일본에서 종교의 힘이 과거처럼 커질지 여부는 종교인들이 이제부터 어떻게 행동하느냐에 달려 있을 것 같다. 대지진 때 보여줬던 각종 노력이 일회성에 그치지 않는다면 절과 진쟈는 과거처럼 커뮤니티의 중심으로 거듭날 수 있을 것이다. 절과 진쟈의 숫자가 편의점 숫자보다 많고, 시내 한가운데에 자리 잡고 있는 일본의 현실을 감안하면 기본 여건은 더 이상 좋을 수 없으니 말이다.

4장

부동산 시장의 지각변동

'2011년 동일본 대지진 이후 주택에 대한 당신의 생각은 바뀌었습니까?'

이 질문에 일본인들은 어떻게 답을 할까. 결론부터 말하면 '바뀌었다'는 응답이 50.8%, '안 바뀌었다'는 응답이 49.2%였다(일본 경제주간지 『다이아몬드』가 전국에 사는 30세 이상 남녀 500명에게 인터넷으로 설문한 결과. 설문 시점은 2011년 5월 31일).

동일본 대지진은 일본 동북 지역에 큰 피해를 줬다. 구체적으로는 미야기(宮城), 후쿠시마(福島), 이와테(岩手) 등 3개 현의 해안마을이 쓰나미로 인해 초토화됐다. 다른 지역은 강도 높은 지진을 느끼기는 했지만 인명이나 건물 피해는 크지 않았다. 그럼에도 불구하고 일본인 2명 중 1명은 이번 대지진으로 인해 주택에 대한 생각이 바뀌었다. 적지 않은 숫자다.

설문을 좀 더 자세히 살펴봤다. 주택에 대한 생각이 바뀐 사람들을 대상으로 어떻게 바뀌었는지 질문했더니(복수응답) '구조상 자연재해에 강한 건물에 살고 싶다'(32.4%), '자연재해가 발생하지 않는 지역에 살고 싶다'(20.4%)는 응답이 많았다. '고층 빌딩에는 살지 않는 게 낫다'(16.0%), '주변에 위험한 시설, 구조물이 없는 지역에 살고 싶다'(13.0%) 등도 있었다.

동일본 대지진 이후 상당수 일본인들이 건물의 '안전성'을 중요하게 생각하고 있다. 일본은 매번 자연재해를 거칠 때마다 안전 기준을 새롭게 만들기 때문에 자연재해에 강한 주택 구조를 갖고 있다. 그런데도 이번 대지진은 안전에 대해 다시 인식하는 계기가 됐다.

이번 대지진은 부동산 시장에 악재다. 1990년대 초반 거품경제가 터지면서 일본의 집값은 폭락했고, 그 이후 제대로 반등하지 못하고 있는 와중에 또다시 폭탄이 터진 것이다. 대지진 이후 도쿄의 고층 맨션[1] 가격은 가파르게 떨어졌다. 도쿄 부동산경제연구소에 따르면 2011년 5월 도쿄의 20층 이상 고층 맨션 값은 전년 대비 39.5% 떨어졌다. 대지진 직후인 4월에는 무려 82.8%나 급락했다. 고층 맨션 가격 폭락은 도쿄 전역 맨션 시세에도 영향을 미쳤다. 4월 맨션 가격이 27.3% 떨어지더니 5월에는 3.6% 소폭 상승하는 데 그쳤다.

외국계 기업 임원들이 주요 사용하던 월세 100만 엔 이상 초고가 임대주택도 된서리를 맞았다. 상당수 외국계 기업 직원과 대사관 관계자들이 떠나면서 계약 해지가 속출하고 있다.

하지만 음지가 있으면 양지도 있는 법. 내진(耐震) 설계가 잘 돼 있는 집을 포함해 재해에 강한 집들이 새롭게 주목받고 있다. 동일본 대지진이 일본의 인기 주택의 기준을 바꾸고 있는 것이다.

부동산 황제 센 마사오

기자이다 보니 한국으로 부임한 외국 특파원들과 만날 기회가 종종 있다. 한국에 온 일본 기자들이 한국 문화에 대해 깜짝 놀라는 것은 혼자서 자신의 모습을 찍는 셀프카메라(너무 민망해서 일본인은 절대 그렇게 못한다고), 버스 승차시 줄 서지 않는 모습, 폭탄주, 난폭한 택시 운전 등 많다. 거기에 한 가지 더, 부동산 투자 열기도 빠지지 않는다. 그들 눈에는 한국인은 직장만 가지면 '내 집 마련'에 목숨을 거는 것처럼 보인다. 일정 부분 사실이기도

---

1) 일본의 공동 주택은 통상 맨션과 아파트로 구분된다. 일본의 맨션은 한국의 아파트, 일본의 아파트는 한국의 연립주택에 해당한다고 보면 된다.

하다. 한국 직장인들은 은행 빚을 과감하게 빌려 어떻게 하든 집을 마련한다. 물론 2000년대 후반부터 내 집 마련 열풍이 조금 주춤하긴 하지만 대세는 달라지지 않았다. 그 원인에는 "일단 사놓으면 값이 오른다"는 기대심도 상당 부분 반영돼 있다.

일본인에게 "부동산 투자 안 하느냐"라고 물으면 열이면 열 모두 고개를 절레절레 흔든다. 투자가 아니라 꼭 필요해서 부동산을 사는 경우가 대부분이다. 집값이 오르는 것에 대한 기대는 크지 않다. "집값이 오르면 좋고" 정도 수준이다. 그들은 1990년대 거품경제가 터질 때 집으로 인한 뼈아픈 고통을 기억하고 있기 때문이다.

일본인들이 부동산에 대해 갖고 있는 인식을 파악하기 위해서는 1980년대 부동산 가격 폭등기와 그 후 장기간의 부동산 침체기를 이해해야 한다. 한때 '부동산 황제'라 불리다가 '노래하는 빚의 왕'이 된 트로트 가수 센 마사오(千昌夫)를 통해 간접적으로 그 시기를 살펴본다.[2]

센 마사오는 1947년 7월 8일 이와테 현 리쿠젠타카타(陸前高田) 시의 산골 마을에서 태어났다. 공교롭게도 2011년 동일본 대지진으로 큰 피해를 입었던 곳 출신이다. 당시 2차 세계대전에서 일본이 지고 나서 일본 전체가 황폐화돼 있을 때였다. 아버지는 농사를 지었지만 다섯 식구(부모, 형, 센, 동생)가 먹고살기에 힘들었다. 센이 초등학교 4학년이 되던 1956년 7월 아버지가 갑자기 협심증으로 사망하면서 생활은 더욱 빠듯해졌다. 어머니는 2시간을 걸어 게센누마(気仙沼) 시에 있는 공장까지 일하러 나갔다. 형은 중학교를 졸업하고 계약직 페인트공으로 일했다. 차남인 센은 혼자서 동생을 돌보며 매일 밤 어머니가 돌아오길 기다리는 생활을 4~5년 동안 이어갔다.

센도 중학교 졸업 후 페인트공이 되고자 했다. 하지만 어머니는 고교 진

---

[2] 『굿바이 부동산, 일본 부동산 황제 센 마사오의 교훈』(단 이사오 지음, 박재현 옮김. 사이몬북스)과 각종 일본 언론 기사 참조.

학을 권했다. 아들들이 모두 하루 벌어 하루 생활하는 기능직으로 전락하는 것을 막고 싶었을 터였다. 센이 입학한 고등학교는 편도 3시간이나 걸렸다. 학교에 다니려면 하숙을 해야 했다. 하지만 당시 어머니와 형의 수입으로는 수업료 지불도 빠듯했다. 할 수 없이 센은 하숙비를 벌기 위해 아르바이트를 했다. 여름에 얼음을 배달하거나 강가의 모래를 운반했다. 한 달 내내 일해도 하숙비와 식비를 내고 나면 남는 것이 없었다.

뼈 빠지게 열심히 살지만 생활은 나아지지 않았다. 대학에 진학해도, 샐러리맨이 되어도 똑같은 생활을 해야 할 것 같았다. 하숙집으로 돌아와 지친 몸을 눕히면 온갖 잡생각이 들었다. 고달픈 삶 속에서 유일한 낙은 좋아하는 레코드를 듣는 것. 그러다 갑자기 번뜩 하고 떠오르는 생각이 있었다. '나도 가수가 돼 볼까?'

1965년 3월 고교 2학년 때 센은 꿈을 행동으로 옮기기 시작했다. 봄방학 때 집을 나서서는 그 길로 줄행랑을 쳤다. 현금 1만5,000엔과 쌀 몇 되를 가지고 도쿄행 기차를 탄 것이다. 우여곡절 끝에 도쿄에 도착했고, 그 길로 스기나미(杉並) 구에 사는 작곡가 엔도 미노루(遠藤実)의 집으로 갔다. 당시 엔도 미노루는 최고의 작곡가로 2003년 일본 정부로부터 문화 공로자로 뽑힌바 있다. 가요계 인사로는 처음이었다. 대표 히트곡은 '탱자나무 일기(からたち日記, 1958)', '아사쿠사 자매(浅草姉妹, 1959) 등이다.

가수 지망생은 센뿐만이 아니었다. 가수를 꿈꾸는 젊은이들이 매일 같이 엔도 미노루의 집 앞에 장사진을 치고 있었다. 센은 그 줄 맨 끝에 섰다. 엔도가 이들을 모두 받아들일 리가 없었다. 하지만 센은 더 이상 물러설 곳이 없었다. 매일 아침 이른 아침부터 엔도의 집 앞 현관에서 문하생이 되겠노라며 기다리고 또 기다렸다.

엔도는 워낙 열의를 보이는 센을 연습실로 불렀다. 당시 크게 유행하고 있던 자신의 작품 '고교 3년생(高校三年生)'을 불러보게 했다. 탁월한 가창

력은 아니었다. 더구나 시골 냄새가 물씬 풍겼고 동북 지방 사투리도 심했다. 엔도는 '이 시골 촌놈이 가수가 될 수 있을까' 반신반의했다. 하지만 흔들림 없는 의지에 기대를 걸고, 또 가난했던 자신의 옛 모습을 떠올리며 센을 문하생으로 받아들이기로 결정한다.[3]

1965년 9월 첫 녹음을 했다. 센도 가수의 길을 시작한 것이다. 노래는 '그대를 사랑하오(君が好き)'. 하지만 전혀 팔리지 않았다. 그해 말 두 번째 곡 '너 혼자(君ひとり)'를 발표했지만 이것도 실패. 해를 넘겨 1966년 '별빛의 왈츠(星影のワルツ)'를 내놨지만 역시 반응이 없었다. 세 곡이나 발표했는데 반응이 없다면 업계를 떠날 각오를 해야 한다. 1966년 가을 센은 엔도 미노루의 집에서 쫓겨난다. 그 후 음식점 아르바이트를 하며 전전긍긍했다.

그런데 기적이 일어났다. 엔도의 세 번째 노래였던 '별빛의 왈츠'가 1967년 후반부터 조용히 인기를 얻기 시작했다. 1968년이 되면서 이 노래는 크게 히트를 치면서 그해 일 년 동안 150만 장의 레코드가 팔렸다. 그때부터 센은 동북 지방 사투리를 구수하게 쓰는 가수로 자리잡았다. 나이 21살이었다.

센은 단 한 곡으로 꿈에도 그리던 스타에 등극했지만 평상시처럼 구두쇠로 살았다. 인터뷰할 때 항상 하던 목까지 차오르는 티셔츠를 입었다. 무대의상 말고는 화려한 옷도 없었다. 소속사에서 받는 월급 10만 엔 중 4만 엔은 리쿠젠타카타의 어머니에게 송금하고 나머지는 생활비로 썼다. 그러면서 틈틈이 아껴 저축을 했다. 어려서부터 워낙 가난에 찌들었기 때문에 함부로 돈을 쓸 수 없었다. 그러면서 뭔가 사업이 될 만한 게 없을지 항상 고민했다.

---

3) 스승 엔도 미노루는 센 마사오의 삶에 큰 영향을 미친다. 이름을 본명 아베 겐타로에서 센 마사오로 개명한 것도 스승의 작품이었다. 엔도 미노루는 "천년만년 기억되는 가수가 되라"는 소망을 담아 센 마사오라는 이름을 지어줬다.

구수한 사투리를 사용하는 인기 가수, 하지만 욕조 없는 낡은 아파트에 살 정도로 검소한 가수. 반듯한 생활에 매사 밝고 긍정적인 가수. 그런 센에게는 친구와 조력자들이 많았다. 다이헤이(太平)주택의 한 간부도 그의 조력자였다. 그 간부는 평상시 "쓸데없는 데 돈 쓰지 말고 센다이(仙台)에 있는 토지라도 사두라"고 조언했다.

23살 때인 1970년 그는 처음 자신 명의의 땅을 소유하게 됐다. 센다이에서 승용차로 약 20분 떨어져 있는 산림지에 있는 9만3,060㎡(2만8,200평) 규모의 토지다. 가격은 약 2,000만 엔. 자신이 모은 돈과 다이헤이 주택 간부에게 은행 금리로 돈을 빌려 샀다. 이 토지는 향후 가수 센을 '부동산 황제'로 변하게 만든 중요한 토대가 됐다.[4]

센은 1972년 '아베 인터내셔널 벤처 코퍼레이션'을 설립하고 자신이 사장으로 취임했다. 본격적으로 부동산 사업을 시작한 것이다. 1976년 4월 그는 도쿄 아카사카(赤坂)의 116.03㎡(35.2평) 토지를 사들였다. 가격은 1억2,000만 엔. 그에게 그런 현금이 있을 리 없었다. 하지만 센다이 땅을 담보로 잡히고 신용조합으로부터 6,000만 엔을 빌렸다. 다른 신용조합에는 사들일 아카사카 토지를 담보로 잡히고 6,000만 엔을 빌렸다. 자신 돈을 한푼도 들이지 않고 도쿄 중심 상업 지구에 땅을 갖게 된 것이다.

센은 그 토지에 건물을 지었다. 건축비 역시 임차인의 보증금으로 지었다. 1977년 10월 지하 1층, 지상 4층의 임대건물 '라테라세 아베' 빌딩이 완성됐다. 그리고 일하지 않아도 매월 꼬박꼬박 나오는 임대 수입에 감격했다.

1977년은 가수 센 마사오로서 황금기였다. 우선 '북쪽 나라의 봄(北国の 春)'이란 레코드가 300만 장 이상 팔리는 대히트를 쳤고, TV 광고에도 수차

---

4) 센 마사오가 산 센다이의 산림지 가격이 어떻게 변했는지에 대해서는 자료에 따라 차이가 난다. 신칸센이 센다이를 지나게 되면서 가격이 서너 배 뛰었다는 내용과 산림지다 보니 가격이 별로 오르지 않았다는 내용이 함께 나온다. 어찌됐던 이 토지는 센이 향후 끝없이 부동산을 사들이기 위한 첫 담보 역할을 했다.

례 등장했다. 그리고 그해 NHK가 12월 31일에 생방송하는 고하쿠우타갓센(紅白歌合戰)[5]에도 나왔다.

1980년대 들어 센은 가수뿐 아니라 부동산 투자에서도 황금기를 맞이한다. 담보만 있으면 못 살 게 없었다. A토지를 담보로 B건물을 샀고, B건물을 담보로 C리조트를 사는 형식이었다. 담보로 잡힌 첫 출발점은 센다이의 토지였다. 그 토지 하나가 끝없는 부동산 확장으로 이어졌다. 1989년 당시 센은 도쿄 도심에 있는 핵심 부동산뿐 아니라 지방 소재 부동산, 해외 별장, 호텔, 레스토랑을 가진 부동산 황제가 돼 있었다. 그의 자산 가치는 정확하게 밝혀지지 않았지만 2,000~3,000억 엔으로 알려졌다.

여기서 한 가지 궁금한 점. 어떻게 은행이 센에게 대출을 해줬느냐는 점이다. 센은 자기 자본이 없이 계속 빚을 내 부동산을 샀다. 은행이 대출 심사를 꼼꼼하게 했더라면 무한정 센에게 대출해줄 리는 만무했다.

수수께끼를 풀려면 1985년 플라자 합의부터 살펴봐야 한다. 활황세를 보이던 일본 경제와 달리 미국은 지속적으로 무역 적자에 시달렸다. 미국은 선진 5개국(G5)[6] 재무장관 회의를 통해 일본 엔화와 독일 마르크화의 가치를 높이라고 요구했다. 그 후 엔화 가치는 급격히 높아진다. 1985년 1달러당 250엔 수준에 거래되던 것이 1990년에는 1달러당 120엔 대 수준이 됐다. 당연히 수출 기업들 사이에서 "죽는다"는 비명이 쏟아졌다. 1986년에는 수출이 주춤하면서 경제 성장률이 마이너스로 떨어지기도 했다.

그러자 정부가 나섰다. 수출업계를 구하기 위해 금리 인하에 나선 것이다. 금리가 낮으니 시중 은행에 돈을 예금하려는 사람이 줄어든다. 은행 자

---

5) 고하쿠우타갓센은 홍팀과 백팀으로 나눠 노래를 부르는 가요 프로그램. 시청률이 50% 내외가 나올 정도로 인기가 높기 때문에 일본 가요 프로그램 중 가장 권위 있는 것으로 꼽힌다. 일본 가수에게 있어서는 '꿈의 무대'라 할 수 있다. 센 마사오는 1977년 처음 고하쿠우타갓센에 나온 이후 1989년까지 10차례 이상 고하쿠우타갓센에 초대됐다. 그리고 동일본 대지진이 일어났던 2011년에도 모습을 비췄다. 22년 만이다.
6) G5는 미국, 영국, 프랑스, 독일, 일본을 의미한다.

금이 시장으로 나와 돈이 넘치다 보니 주식과 부동산 시장으로 돈이 흘러들어갔다. 기업들은 은행에 이자를 물며 돈을 빌리기보다 주식 시장을 통해 직접 자금을 조달하기 시작했다. 은행에선 돈이 남아돌았다. 기업 고객 대신 소비자 고객으로 눈을 돌렸다. 각종 대출 상품 중에서도 부동산 담보 대출은 가장 안전하고 확실한 상품이었다.

은행이 부동산 담보 대출을 안전하다고 생각한 것은 1980년대 중반 이후 부동산 가격이 거침없이 올랐기 때문이다. 1983년과 1984년 한 자릿수 상승에 그쳤던 도쿄 상업지 토지 가격 상승률은 1985년에 19.6%, 1986년에 74.9% 폭등했다. 부동산만 사놓으면 그 가치가 뛰었기 때문에 은행 처지에선 부동산 담보만 있으면 안심하고 돈을 빌려줘도 됐다.

은행 간 대출 경쟁이 심해지면서 대출만을 전문적으로 취급하는 이른바 '론뱅크(Loan Bank)'들이 나타나기도 했다. 담보로 받은 부동산 가치의 100%를 넘는 대출이 나오고, 2세대에 걸쳐 대출금을 갚아도 되는 이른바 '2세대론'까지 등장했다. 이런 상황에서 부동산 자산을 무더기로 가지고 있는 셴이 은행에서 돈 빌리기란 쉬웠다. 토지와 건물을 담보로 해 하루 동안에 약 70억 엔을 은행에서 빌리기도 했다.

셴의 부동산도 가치가 급격히 올라 은행의 기대에 부응했다. 셴이 1985년 5월 약 109억 엔으로 산 도쿄 시부야(渋谷) 구에 코쿤빌딩은 1989년경에는 200억 엔까지 상승했다. 1984년에 12억 엔에 샀던 아카사카 토지는 90억 엔까지 올랐다. 셴이 산 도심 일등지의 부동산은 1980년대 말에 각 건물마다 3~4배 값이 뛰었다. 이때 즈음 일본 언론들은 셴을 '부동산 황제'라고 부르기 시작했다.

1988년 말 셴은 가수 활동 중단을 전면적으로 선언했다. 당시 그는 언론과의 인터뷰에서 "가수 활동은 몸을 움직여야 한다. 어렵게 (부동산) 정보를 구해도 제때에 대응할 수가 없다"고 말했다. 일반인들의 인식도 '가수 셴

마사오'보다 '사업가 센 마사오'라는 인식이 더 강하게 자리잡았다. 가난으로 얼룩진 유년 시절을 보낸 시골 가수가 어느새 엄청난 사업가가 돼버린 것이다.

하지만 차분히 돌이켜보면 그의 2,000~3,000억 엔대 자산은 결정적인 문제를 안고 있었다. 대부분의 자산이 은행 빚으로 이루어져 있다는 점이다. 센은 자기 자본을 거의 들이지 않은 상태에서 부동산을 담보로 잡히고 새 부동산을 샀기 때문이다. 은행 이자는 임대 수입으로 막았다. 1980년대는 계속 부동산 가치가 올랐기에 별 문제가 없었다. 하지만 분명히 비정상적이었기에 센도 일말의 불안감이 있었다.

환부가 곪으면 터지게 마련이다. 거품이 가득 낀 일본 경제가 그대로 유지될 리 없었다. 거품의 끝은 지옥이 기다리고 있었다. 시장에 돈이 지나치게 풀리고 인플레이션 징조가 뚜렷해지자 일본 정부는 1989년부터 금리 인상 카드를 꺼냈다. 1989년 5월 2.5%였던 금리는 1990년 8월 6% 이상으로 치솟았다. 금리가 오르자 시장이 급속도로 냉각됐다. 정부의 부동산 대출 규제도 시장 냉각을 가속화시켰다. '주가 하락→부동산 가격 급락→금융 회사 부실→내수 위축→주가와 부동산 추가 하락'이라는 악순환이 거듭됐다.

센도 거품 폭발의 직격탄을 맞았다. 부동산 가격이 하락하자 은행은 센에게 추가 대출을 해주지 않았다. 뿐만 아니라 기존 대출을 갚으라고 종용했다. 금리가 오르자 이자는 한없이 늘어갔다. 센의 빚은 단숨에 불어나 더 이상 부동산 사업을 유지할 수 없었다. 팔아야 했다. 집이든 토지든 건물이든 무엇이든 팔아야 했다.

센에게 대출해준 은행들은 "센의 전 재산을 처분하는 길밖에 없다"고 종용했다. 그리고 센은 그들의 충고를 따랐다. 모든 것을 다 버리고 알거지가 되기로 한 것이다. 하지만 하루가 무섭게 부동산 가치가 떨어지면서 센의 자산이 쉽게 매각되지 않았다. 또 "1~2년 이러다가 다시 회복되겠지" 하는 기대감도 투매(投賣)를 망설이게 했다. 1991년 4월 센의 빚이 약 2,500억 엔이라는 기사가 나왔다. 그에게는 '노래하는 빚의 왕'이라는 새로운 별명이 생겼다.

그때쯤 그는 다시 가수로 돌아온다. 1991년 3월 신곡 '아저씨 선생님(お やじ先生)'으로 가수 활동을 본격 재개한다. 특히 지방 공연에 온 정성을 쏟았다. 당시 인기 가수들은 몸도 피곤하고 무대 수준도 형편없기 때문에 지방 공연을 꺼렸다. 하지만 센은 일부러 지방 공연을 찾아다녔다. 이유는 높은 공연료였다. 열심히 하루 지방 공연을 하면 700~800만 엔을 벌었다. 하지만 그 돈으로 하루 이자를 갚기에 턱없이 부족했다.

그로부터 약 10년. 2000년 2월 8일, 각종 신문 매체 1면에는 '센 마사오 씨의 회사, 특별청산 신청, 부채는 1,034억 엔'이라는 기사가 실렸다. 10년 동안 자산을 처분했지만 빚을 다 갚지 못했다. 결국 자력 재건을 단념하고 회사를 청산하기로 한 것이다. 부동산 거품 폭발이 1~2년 이어지다가 끝났으면 센의 이야기는 달라졌을 것이다. 하지만 1990년대 '잃어버린 10년' 동안 부동산 폭락은 계속됐다. 센도 다시 일어설 기회를 도저히 잡질 못했다.

센의 이야기는 한 편의 픽션드라마를 본 것 같다. 하지만 분명히 실존하는 사실이다. 게다가 수많은 일본인들이 규모의 차이는 있겠지만 센과 비슷한 경험을 했다. 1980년대 부동산 붐에 승차했다가 1990년 들어 지옥을 맛본 것이다. 그 후 일본인들은 더 이상 부동산을 투자의 대상으로 생각하지 않게 됐다. 오히려 "은행 빚으로 집을 샀다가는 쪽박 찰 수 있는" 경계의 대상이 됐다.

일본의 부동산 키워드는 '실용'

그럼 부동산이 폭락한 후인 1990년대 후반에 주택을 샀으면 '재미'를 봤을까. 정답은 '아니오'다. 일본의 부동산은 1990년대 '잃어버린 10년'을 거친

후 2000년대도 지속적으로 하락세를 보이고 있다.

일본 경제는 2000년대 초반 상승 곡선을 그리기 시작했다. 금융 구조조정이 가닥을 잡아갔고 세계적으로 경제 호황을 맞으면서 일본 기업들의 실적이 빠르게 나아졌다. 이때 부동산도 반짝 탄력을 받기도 했다. 2003년부터 도쿄 도심에서 부동산 거래가 활성화되면서 주택 가격이 올랐다. 2006년 들어서는 '미니 거품'이라는 말이 일본 언론에 등장할 정도로 도쿄를 중심으로 한 도심권 부동산은 상승세가 뚜렷했다.

하지만 부동산 상승세를 보이는 곳은 극히 일부에 그쳤다. 지방 부동산은 상승과는 전혀 상관이 없었다. 전체적으로 보면 하락세였다. 시가지가격지수(일본부동산연구소가 개발한 전국 대도시의 토지가격지수. 시가지의 택지 가격 변동을 나타내는 대표적인 부동산지수)는 2000년대 들어서도 지속적으로 하락하고 있다. 게다가 2007년 미국에서 서브프라임 모기지(비우량 주택담보 대출) 부실 문제가 불거지면서 세계 경제가 다시 휘청거렸고, 일본 부동산 시장도 다시 얼어붙고 있다.

〈그림 1〉 일본 시가지 가격지수(200년=100)

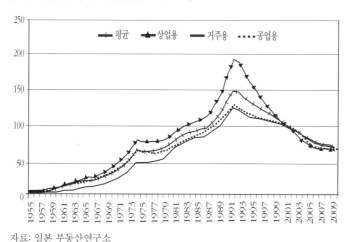

자료: 일본 부동산연구소

월세 동향도 시가지 가격과 별 차이가 없다. 공동주택 임대류 지수 동향 (일본부동산연구소가 1996년 9월 말부터 조사 시작)을 보면 1990년대 지속 적으로 하락하다가 반짝 경제가 좋아진 2000년대 중반 소폭 상승했다. 하지 만 2008년 이후 다시 떨어지고 있다. 월세가 떨어지고 있으니 더더욱 집을 살 필요가 없어졌다. 참고로 일본은 전세가 없다. 따라서 집을 사거나 아니 면 월세를 내고 빌려야 한다.

1990년대 후반에 집을 샀다고 해도 집값이 오른 경우는 드물다. 일본인 에게 있어 이제 집은 애물단지가 됐다.

〈그림 2〉 오피스 및 공동주택 임대료 지수 동향(2005년=100)

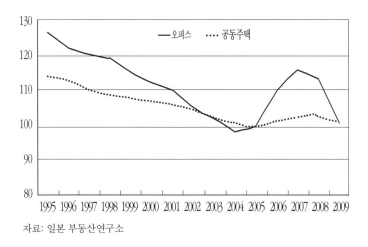

자료: 일본 부동산연구소

하지만 분명 부동산 매매 거래는 일어난다. 그렇다면 어떤 사람이 어떤 주택을 사는 것일까.

현재 일본인들이 주택을 살 때 적용하는 가장 중요한 잣대는 '실용'이다. 직장이나 자녀 교육 문제로 인해 반드시 집이 필요할 때 주택을 산다. 그것 도 몇 번이나 따져보고 은행 대출을 최소화해서 구매한다. 입사 15년 만에 집을 장만한 기자의 친구인 오이시 다이스케(大石大輔·40·가명) 씨 사례도 그렇다.

그는 도쿄에 본사가 있는 투자은행에 다닌다. 그동안 나고야(名古屋), 오사카(大阪) 지사에 파견 가는 경우가 많아 따로 집을 사지 않고 그때그때 형편에 맞춰 월세로 살았다. 하지만 그는 2010년 초 주택 구매 결심을 하게 된다. 아이 두 명이 초등학교 6학년과 4학년인데 더 이상 학교를 옮겨 다닐 수 없다고 판단했다(그는 대학 졸업과 동시에 입사와 결혼을 했기 때문에 자녀도 일찍 낳았다).

먼저 그는 자신의 수입과 저축액을 꼼꼼히 따져봤다. 2010년 당시 그의 연봉은 약 950만 엔. 투자은행이어서 자신의 또래 친구들에 비해서는 상당히 높은 연봉을 받았다. 입사 이후 15년 동안 저축한 돈은 약 4,000만 엔이다.

월세로 살기 때문에 한 달에 평균 20만 엔 정도를 고정적으로 지출한다. 은행에 원금 상환 및 이자 지급을 합해 매월 40만 엔 정도를 낸다면 견딜 만하다고 판단했다. 어차피 월세를 20만 엔씩 내기 때문에 조금 더 절약해서 살면 됐다. 10년 간 원리금을 갚을 요량으로 은행에서 4,000만 엔을 빌렸다. 그러고는 8,000만 엔짜리 맨션을 찾았다.

오이시 씨는 서너 달 동안 도쿄 도심을 꼼꼼하게 돌아다녔다. 그리고 도쿄 중심부인 미나토(港) 구의 신축 맨션을 8,000만 엔에 사기로 계약을 맺었다. 전용면적 85㎡(25평)로 3LDK(방 3개, 부엌, 거실)이었다. 공용 면적까지 포함하면 한국의 30평형대 아파트에 해당하는 넓이다. 신바시(新橋)에 있는 회사에 지하철로 10분이면 도착했다. 아이들이 향후 도쿄에 있는 대학에 입학한다고 해도 어지간한 대학은 40분 안에 통학할 수 있다.

그는 "맨션 가격이 향후 오를 것으로 기대하지는 않는다. 내가 감내할 수 있는 수준에서 집을 구했다. 꼭 필요해서 산 집이니까 집값이 떨어져도 상관없다"고 말했다.

일본 집값이 마냥 떨어지기만 할까. 그것도 아니다. 적어도 '도심'과 '학군'이라는 원칙만 지킨다면 크게 손해 볼 일은 없다는 게 일본 부동산 전문가들의 한결같은 지적이다.

1990년 이후 전국 부동산 가격이 하락세를 보이고 있지만 도쿄의 도심 5개 구는 예외다. 5개 구란 주오(中央), 시부야(渋谷), 미나토(港), 지요다(千代田), 신주쿠(新宿) 구를 말한다. 오를 때 가장 먼저 오르고, 떨어질 때는 천천히 떨어진다. 호경기였던 2007년 미나토 구의 지가(地價)는 45.5%, 시부야 구는 41.7% 올랐다.

도심의 부동산 가격이 강세를 보이는 것은 한때 전원주택을 꿈꾸며 교외로 나갔던 일본인들이 오랜 장기불황 후 다시 도심으로 되돌아오고 있기 때문이다. 아무래도 도심에 일자리가 있고, 아이들 교육을 위한 좋은 학교가 있고, 노인들의 건강을 체크할 좋은 병원이 있기 때문에 여러 모로 도심에 있는 게 편리하다.

학군이 좋은 지역의 부동산도 꾸준히 강세를 보인다. 일본 역시 한국과 같이 학벌 사회이기 때문에 좋은 대학에 가기 위해 유치원부터 명문을 찾는다. 유명 사립대학 부속 유치원에 입학하면 대개 부속 초-중-고-대학으로 곧바로 진학하기 때문이다. 당연히 유명 대학 부속 유치원의 수험 전쟁은 극심하다.

시나가와(品川) 구는 1999년 도쿄 28개 학군 가운데 처음으로 학교 선택제를 도입하면서 공교육 수준이 부쩍 높아졌다. 미국발 서브프라임 모기지 사태 영향에도 시나가와 구의 주택 가격은 거의 떨어지지 않았다. 이외에도 좋은 학군으로 유명한 세이조(成城), 메구로(目黒), 분쿄쿠(文京區) 등은 주택 가격이 경기를 잘 타지 않고 꾸준히 강세다.

대지진이 바꿔놓은 주택관

동일본 대지진 전에 일본인들의 주택 구매 기준은 실용, 도심, 학군이었다. 하지만 대지진 후 일본인은 주택관은 크게 바뀌었다. 그 무엇보다 '안전'을 중요한 요소로 따지기 시작했다. 일부 깐깐한 일본인들의 이야기가 아니다. 일본인 2명 중 한 명은 대지진으로 주택 구매 기준이 바뀌었다.

그들은 대지진 발생 직후 연일 TV에 나오는 참사 현장을 봤다. 쓰나미로 주택이 폭삭 내려앉아 형체조차 알아볼 수 없었다. 도쿄와 수도권 주민들은 쓰나미 피해는 없었지만 전례 드문 강진을 경험했다. 고층 빌딩에서 일하던 대부분의 사람들은 '이렇게 죽는구나'라고 생각했다. 안전한 집을 찾을 수밖에 없는 상황이었다.

기자는 대지진 직후 현장에서 직접 참사를 봤다. 당시 이와테(岩手) 현 리쿠젠타카타(陸前高田)와 오후나토(大船渡) 시에 갔을 때 재해에 강한 집과 약한 집의 차이를 선명하게 느낄 수 있었다.

리쿠젠타카타의 시내 모습

두 지역은 승용차로 약 20분 떨어져 있는데 해안을 따라 생긴 마을이어서 모두 쓰나미의 피해를 입었다. 하지만 피해 규모는 꽤 차이가 있었다. 리쿠젠타카타는 마을 형체를 알아볼 수 없을 정도로 완전히 박살이 났다. 거의 모든 집이 쓰나미에 무너졌다고 보면 된다. 하지만 오후나토는 멀쩡한 집들이 꽤 있었다.

오후나토의 시내 모습.

리쿠젠타카타와 오후나토 두 사진은 2011년 3월 15일에 찍었다. 두 마을 모두 해안을 따라 형성되어 있기 때문에 거대한 쓰나미의 습격을 받았다. 하지만 피해 상황은 눈에 띄게 다르다.

두 지역을 꼼꼼하게 취재해보니 수수께끼의 답이 나왔다. '목재(木材)와 석재(石材)'의 차이가 쓰나미 피해 정도를 갈랐다. 나무로 지어진 집은 쓰나미에 모두 쓰러졌다. 하지만 콘크리트 집은 살아남았다. 마을 전체가 박살난 리쿠젠타카타에도 학교나 병원 등 대형 콘크리트 건물은 무너지지 않았다. 콘크리트 집은 내진(耐震) 설계도 분명 목조 가옥보다 더 잘 돼 있었을 것이다.

기자는 2004년 12월 인도네시아 해안에 지진(리히터 규모 9.0)이 일어났을 때 태국 푸껫의 쓰나미 피해를 취재한 적이 있다. 푸껫은 한국인들이 신혼여행으로 많이 가는 곳이어서 최대 피해지인 인도네시아를 제쳐두고 푸껫으로 향했다. 그때도 푸껫 해안선을 따라 가옥이 박살나 있었다. 하지만 콘크리트로 지은 대형 리조트는 1, 2층 유리창만 깨졌을 뿐 모두 괜찮았다. 밀려오는 쓰나미를 보고 대형 리조트 투숙객들은 위층으로 대피했기 때문에 인명 피해도 거의 없었다. 반면 열대 야자수 느낌이 물씬 풍기는 태국식 소형 호텔은 흔적 없이 사라졌다. 모두 해안에 위치해 절경을 볼 수 있는 숙소지만 대형 리조트에 투숙한 여행객은 목숨을 건졌고 태국식 소형 호텔에 투숙한 여행객은 목숨을 잃었다. 순간의 선택이 생명을 가른 것이다.

세계 어디서나 생활하기 편하고 교통이 좋은 곳의 부동산이 인기다. 하지만 자연재해가 잦은 일본은 그 기준에 '안전'이라는 요소를 하나 더 추가해야 한다. 집이 재해에 얼마나 안전하게 견디는지, 직장에서 걸어서 갈 수 있는 거리인지, 각종 비상시 대처 준비가 잘 돼 있는지가 중요해졌다. 부동산에 대한 인식 변화는 점차 집값에도 영향을 미치기 시작했다.

매립지와 해안 기피

일본인 A씨는 2011년 초 지바(千葉) 현 우라야스(浦安) 시의 한 신축 맨션을 5,500만 엔에 계약했다. 6층짜리 건물로 전용 면적 62.57㎡(약 19평)이었다. 하지만 그는 대지진 직후 구입 금액의 10%에 해당하는 550만 엔의 계약금을 날리고 맨션을 포기했다. 1년치 연봉에 가까운 거액을 고스란히 날린 이유는 신축 맨션 인근의 에키조카(液狀化: 액상화) 때문이었다.

에키조카란 지진 충격으로 지층이 뒤틀리고 지반이 약해지면서 땅이 순두부처럼 물렁물렁해지는 현상이다. 이 경우 집이 땅 속으로 꺼지고 맨홀 등이 지상으로 튀어오른다. 바다나 습지를 메워 그 위에 집을 지으면 에키조카 현상이 잘 일어난다. 우라야스 시 역시 바다를 메워 만든 매립지다.

부동산 중개업자는 "에키조카로 인해 땅이 불안정한 것은 맞지만 신축 맨션 자체는 별 문제 없었다"며 A씨를 만류했다. 하지만 A씨는 단호하게 계약을 포기했다. 지바 현과 수백 km 떨어진 일본 동북부에서 일어난 지진에 에키조카 현상이 일어난 것을 보면 진원(震源)이 가까워졌을 땐 맨션이 땅 속에 함몰될 수도 있다고 판단했기 때문이다.

대지진 당시 우라야스 시는 전체 면적의 약 85%가 에키조카 피해를 입었다. 도로 위로 진흙과 물이 범람하고 수도관이 튀어 올랐고 아파트 주차장이 땅속으로 꺼져 내리는 피해가 일어났다. 지역 주민들은 급히 대피해야만 했다. 이 지역에 위치한 도쿄디즈니랜드는 에키조카 피해로 대지진 이후 한 달간 영업을 중단하기도 했다.

에키조카 피해가 크게 부각되면서 에키조카 우려가 있는 부동산의 거래는 뚝 끊어졌다. 부동산 조사업체 도쿄간테이(東京カンテイ)에 따르면 에키조카 우려가 있는 지역의 맨션 평균가격은 2011년 1월 3.3㎡당 169만1,000엔에서 같은 해 6월에는 160만1,000엔으로 약 5% 떨어졌다. 수치상으로 보면 큰 차이가 없다. 하지만 좀 더 자세히 볼 필요가 있다. 에키조카 현상이 일어날 가능성이 높은 해안가 지역의 부동산 거래는 아예 0건이다. 에키조카 가능 지역이라고 하지만 그 가능성이 극히 낮은 내륙 지역의 부동산만이 거래됐다. 에키조카 지역이라면 일본인들이 모두 고개를 절레절레 흔드는 게 현실이다.

과거 10년 동안 해안가 맨션은 교통편리성, 생활편리성, 거주쾌적성, 부가가치 등 모든 측면에서 '우수생'으로 꼽혔다. 같은 가격에 내륙 지역과 해안 지역에 맨션이 나와 있으면 당연히 해안 지역 맨션을 선호했다. 가격도 내륙보다 해안 지역 맨션이 20~30% 비쌌다. 하지만 대지진 이후 내륙과 해안 지역의 맨션 가격은 역전되는 분위기다.

초고층도 가격 하락

일본에서 "맨션은 고층일수록 비싸다"는 인식이 퍼져 있다. 그만큼 조망권이 좋고 각종 부대시설도 잘 갖춰져 있다.

하지만 고층 맨션은 지진에 약했다. 동일본 대지진 당시 고층 맨션은 저층보다 흔들리는 강도가 더 셌다. 특히 지상 40층 이상 초고층 맨션은 흔들림이 오래 지속됐다. 게다가 지진으로 엘리베이터가 멈춰 설 수도 있는데, 그 경우 고층 맨션 주민들은 큰 고통을 겪어야 했다. 기자는 동일본 대지진 직후 일본 센다이의 한 호텔에서 일주일을 보냈는데 일주일 내내 엘리베이터가 작동되지 않았다. 취재하러 나가기 위해선 매일 8층을 걸어서 내려와야 했다. 더구나 여진이 계속 있었기 때문에 유사시에는 긴급하게 건물 밖으로 뛰어나와야 하는데 그때도 고층에 머무는 사람은 불리했다. 대지진 이후 당연히 고층 맨션 가격이 떨어질 수밖에 없다.

도쿄 연안 등 각지에서 초고층 맨션이 속속 들어선 때는 2000년 이후다. 넓은 공장 부지를 시내에 보유한 기업들이 부지의 활용법으로 맨션 건축을 선택했다. 예를 들어 도쿄 고토(江東) 구 도요스(豊洲) 1~3쵸메(丁目) 지역의 60만㎡(약 18만 평) 대부분은 2002년 문을 닫은 한 중공업 회사의 조선소 건립지였다. 빈 부지를 활용해야 하는 사업주 처지에서 보면 상업 시설이나 오피스를 지으면 초기 투자 자본을 회수하는 데 시간이 오래 걸리지만 분양 맨션은 10년 이내에 회수할 수 있다. 더욱이 고층으로 지으면 분양 세대 수가 늘어나 수익을 더 늘릴 수 있다. 주거지 선택이 교외 주택에서 도심 내로 바뀌고 있다는 점도 초고층 맨션이 들어서게끔 한 원인이었다. 하지만 지금은 역풍을 맞고 있다. 대부분의 일본인들이 고층 맨션의 높은 층에 대해 '멋있다'보다 '무섭다'는 생각을 갖고 있다.

고층 맨션은 정전에 약한 점도 문제다. 요리를 할 수 없고 난방이 되지 않으며 따뜻한 물도 나오지 않는다. 가스 공급도 전기가 없으면 되지 않는다. 보안 시스템이 작동하지 않고 맨션 출입구의 자동문도 열리지 않는다. 도쿄의 한 맨션은 지진 후 정전으로 보안 시스템이 작동하지 않자 관리소와 주민들이 조를 짜서 자체 순찰을 돌았을 정도다. 주차장의 기계식 주차기도 멈춘다.

1995년 한신(阪神) 대지진 때의 관심은 무너진 건물에 집중됐고 정전이나 비축품 부족 문제는 신경 쓰지 않았다. 지금과 같은 초고층 타워 맨션도 없었다. 이 때문에 이번 대지진에서 대부분 고층 맨션이 정전에 무방비로 당할 수밖에 없었다.

일본 부동산 업계에 따르면 2011년 4월 이후 도심 내 1~2억 엔의 고급 맨션의 판매가 호조다. 기존 초고층 맨션에 살던 부유층들이 도심의 저층 혹은 중층 맨션으로 옮겨가기 때문인 것으로 보인다.

재해에 강한 주택 속속 등장

일본 건축은 자연재해와 싸워가며 발전을 이뤄왔다. 동일한 재해가 오더라도 극복할 수 있도록 안전 기준을 높이고 거기에 맞춰 각종 건축물이 지어졌다. 예를 들면 1995년 한신 대지진 때 위아래 수직으로 진동하는 지진에 맞서 정부는 맨션의 필로티와 교각을 강화하고 내진진단 표시를 의무화했다. 1978년 진도 7.4의 미야기(宮城) 현 지진 때는 진도 7 내외의 지진에 무너지지 않도록 건축물의 내진 설계를 강화했다.

이번 동일본 대지진 때는 에키조카, 정전, 쓰나미와 같은 위험이 부각됐다. 벌써부터 주택 건설업체들은 문제점 극복에 팔을 걷어붙였다.

스미토모(住友)부동산은 동일본 대지진 직후 건설 중이던 '시티타워 아카바네(赤羽) 테라스' 맨션의 완성을 반 년 늦췄다. 대신 정전이 되어도 엘리베이터와 주차장이 48시간 동안 작동할 수 있도록 비상용 발전기를 새로 설치했다.

최신 맨션들은 비상용 식수를 확보하고 있다. 지바 현의 '자파크하우스'는 정전이 되더라도 비상용 발전기로 수도 펌프를 작동시켜 거주자가 3일치 정도의 물을 마실 수 있게끔 했다. 사이타마(埼玉) 현 '스테이션 테라스 와카바(若葉)'는 비상용 변기, 물 정화 시스템 등 비상 방재용품 구입을 대폭 늘려 전 호실에 배포할 수 있도록 준비했다.

대부분의 맨션은 주차 공간을 줄여서라도 비축 창고를 만들고 있다. 물과 식료품, 약을 항상 준비해두는 곳도 상당수 있다.

하드웨어를 강화하는 것 이외에 교육과 같은 소프트웨어 측면을 강조하는 곳도 늘고 있다. 부동산회사인 유락쿠토치(有楽土地)는 대지진 이후 방재 전문가를 초대해 방재와 관련된 세미나를 열고 있다. 맨션 주민들을 위한 각종 이벤트도 개최하고 있는데, 이벤트 중에는 비상시 벽을 타고 흐르는 물을 식수로 활용하는 방법 등 위기 대처법도 있다.

일본 부동산업체 아부르 파트너즈는 2011년 4월 28일부터 임대 맨션 평가 및 검색 사이트에 방재 정보를 표시하기 시작했다. 그러자 하루 접속하는 숫자가 기존보다 4배 이상으로 늘어났다. 방재정보는 에키조카(液状化) 지역인지 아닌지, 주요 지하철 역(도쿄, 신주쿠, 시부야 등)에서 도보 및 자전거로 걸리는 거리, 1981년 6월 이후 제정된 '신내진(新耐震) 기준'으로 지어졌는지 아닌지에 대한 정보다.

동일본 대지진으로 인해 건물 관련 대출, 손해 책임, 보험, 세금 등 여러 방면에 대해 복잡한 문제들이 생겼다. 어떻게 교통정리가 되고 있는지 관련 내용을 Q&A를 통해 알아봤다.

Q. 대출 받아 주택을 샀는데 이번에 피해를 입었다. 기존 대출을 다 갚아야 하나?

A. 결론적으로 말해 갚아야 한다. 이번 대지진에서는 대출로 산 주택이 파괴돼 다시 대출을 받아 집을 지어야 하는 '이중대출' 문제가 심각했다. 하지만 정부가 어떻게 손 쓸 방법이 없다. 1995년 한신 대지진 때 금융기관은 대출 상환을 늦춰준 경우가 있었지만 어디까지나 금융기관이 자체적으로 결론내린 임의적인 조치다. 이번의 경우도 금융기관이 대출 반환 기일을 늦춰주거나 이자를 내려줄 가능성은 있지만 확정적이지는 않다. 만약 대출 반환 유예가 되지 않은 상태에서 대출을 갚지 못하면 금융기관에 주택의 소유권이 넘어갈 수도 있다.

Q. 후쿠시마 원전 인근의 월세 주택의 살다가 피난했다. 월세를 내야 하나?

A. 이번 대지진에서는 기존 자연재해와 달리 원전 사고가 있었고 그 사고는 제대로 수습되지 않고 있다. 이 때문에 원전 주위에는 방사성 물질로 오염됐고 지금도 추가 오염될 우려가 있다. 임대차 계약 관련해 민법상 빌려주는 사람은 제대로 물건을 제공해야 하는 의무가 있다. 따라서 건물이 재해에 의해 사용할 수 없게 되면 임대차 계약은 끝나기 때문에 임차인은 월세를 내지 않아도 된다. 예를 들어 한신 대지진 때 건물이 손상됐지만 집주인이 제대로 수리해주지 않으면 임차인은 지진 이후부터 월세를 내지 않아도 된다는 법원 판결이 있었다.

Q. 건물이나 지반 손해의 책임은 누구에게 있나?

A. 자연재해인 지진으로 건물에 균열이 생기거나 지반이 가라앉은 경우 통상은 판매자나 건축업체에 책임을 물을 수 없다. 하지만 사전에 충분히 지반을 조사하지 않았거나 연약 지반인 것을 알고 있었지만 구매자에게 알리지 않은 경우는 책임을 물을 수도 있다. 1978년 미야기 현 지진 때 분양 주택에 균열이 생기고 땅이 가

라앉아 발생한 피해에 대해 2000년 12월 26일 센다이 재판소는 분양한 센다이 시에 책임을 물었다. 재판부에 따르면 미야기 현은 10년에 한 번 정도 진도 5 이상의 지진이 발생하기 때문에 그 정도의 지진에 견딜 수 있게끔 주택을 지어야 한다. 따라서 문제의 주택은 품질이나 성능이 결여돼 있는 것과 마찬가지다.

Q. 지진 보험도 있나?

A. 있다. 1964년 니가타(新潟) 지진을 계기로 1966년 지진보험 제도가 만들어졌다. 그 이후 큰 지진이 발생할 때마다 보상내용과 가입 한도액, 보험료율 등이 개정됐다. 지진보험은 지진, 분화(噴火), 쓰나미로 인해 주거용 건물이 피해를 입었거나 재산상 손해를 봤을 때 이를 보상한다. 가입할 때 보험금액은 화재보험의 30~50% 정도. 가입 한도액은 건물 5,000만 엔, 재산 1,000만 엔까지다.

Q. 재산이 다 사라졌는데 재산세를 내야 하나?

A. 아니다. 동일본 대지진 피해자들은 세금을 낼 수 있는 능력(담세력)을 상당 부분 잃어버렸다. 그래서 국가는 다양한 세금에 대해 다양한 형태로 감세를 해주기로 했다.

5장

무너지는 '일본 신화'

그때만큼 애간장을 태운 때는 없었다. 눈에 보이는 위험이라면 어떻게든 대처를 하겠는데 보이지 않는 공포라서 너무나 두려웠다.

2011년 3월 12일 오후, 동일본 대지진이 일어난 지 만 24시간이 채 되지 않았을 무렵에 후쿠시마(福島) 공항에 도착했다. 대지진 발생 직후부터 일본으로 가는 비행기 편을 알아보고 지진과 쓰나미에 대한 기초 취재를 하느라 정신이 없었다. 12일에는 짐을 꾸려 새벽부터 공항으로 가서 무작정 대기했다. 연달아 비행이 취소됐지만 갑자기 후쿠시마행 비행기는 출발 확정이었다. 연신 '운이 좋았다'고 생각했다.

하지만 알고 보니 운이 지독히도 나빴다. 비행기 이륙 직전에 집사람으로부터 휴대전화 메시지가 왔다. "후쿠시마 원전 사고로 난리. 각별히 몸조심할 것." 뒷골이 땡겼다.

후쿠시마에서 급하게 택시를 잡아타고 쓰나미 피해가 컸던 센다이로 향했다. 그때부터 『동아일보』 도쿄 지사에 있는 선배들로부터 전화가 빗발쳤다. "형준아, 후쿠시마에서 빨리 벗어나라. 지금 원전 사고 때문에 그쪽 위험하다." 선배들은 걱정이 돼 수시로 나의 위치를 확인했다. 하지만 택시는 거북이 걸음이었다. 센다이로 가는 길이 꽉 막혔기 때문이다.

차량 번호판을 보면 후쿠시마 차량과 센다이 차량이 반반씩 섞여 있었다. 후쿠시마 주민들은 후쿠시마를 탈출하고자 했고, 센다이에서 후쿠시마로 업무를 보러 온 사람들은 한시 바삐 가족 품으로 돌아가고자 했던 것 같다.

고속도로는 통행금지였기에 모두 국도로 몰려나와 시속 10km 안쪽으로 기어갔다.

입술이 바짝바짝 말랐다. 그리고 온갖 상념이 머릿속에 떠올랐다. '여기서 죽는 건가', '죽지는 않더라도 몸에 이상이 생기는 거 아닐까', '그렇게 되면 죽는 것보다 더 고생하는 거 아닌가', '방사능이라는 게 눈에 보이면 얼마나 좋을까'….

보름 간 대지진 취재를 마치고 귀국하자 마자 서울 원자력병원으로 갔다. 방사능 오염 여부를 확인하기 위해 염색체 정밀 검사를 받았다. 병원 측에서는 "방사능에 노출된 사람이 극히 드물기 때문에 채혈을 의학 연구용으로 쓸 수 있게 해달라"며 동의서를 내밀었다. 또다시 겁이 났다. 약 한 달 후에 검사 결과를 받았다. '이상 무.' 그때서야 깊은 안도의 한숨을 쉬었다.

2012년 1월 현재 후쿠시마 현민 13만 명이 피난생활을 하고 있다. 그 중 후쿠시마 현을 떠난 피난민도 6만 명을 넘는다. 그들은 방사능 공포에 무한정 떨었고, 지금도 떨고 있을 것이다. 그 공포는 겪어본 사람만이 알 수 있다. 도쿄는 후쿠시마 원전에서 200km 이상 떨어져 있음에도 불구하고 원전 공포에서 자유롭지 않았다. 대지진 당시에는 후쿠시마 원전 폭발 가능성 때문에 걱정스러워했고, 그 이후에는 먹을거리 오염에 떨었다.

패전국에서 경제 기적을 이룬 국가, 세계 최고 제품을 만드는 국가, 역사 문제로 껄끄럽지만 실력을 인정하지 않을 수 없는 국가인 일본. 하지만 원전 사고가 일어나자 하루아침에 '기피 국가'가 돼버렸다. 외국인만 일본을 기피하는 게 아니다. 상당수 일본 국민들도 원전 사고 1년이 지났지만 후쿠시마 공포를 여전히 느끼고 있다.

전력 공급이 제대로 되지 않다 보니 제품 품질도 떨어지고 있다. 외국 기업들은 일본 제품을 예전처럼 선호하지 않는 분위기다. 일본 동북부 해안가의 피해지 젊은이들은 고향을 떠나 도시로 향하고 있다. 기업은 임시직을 원하고, 구직자는 정규직을 뽑는 기업을 찾다 보니 구인과 구직난이 함께 발생하고 있다. 국민 대다수가 중간층이라고 느끼면서 "모두가 평등한 공산주의 국가는 중국이 아니라 바로 일본"이라는 자신감을 보였던 때가 과연 있었는지 의문이 들 정도로 '일본 신화'는 무너지고 있다.

끝없는 방사능 공포

후쿠시마 원전 사고가 일어난 지 약 1년이 지난 2012년 2월. 일본은 겉보기에 평온해 보인다. 도쿄의 대표적인 수산물 시장인 쓰키지(築地) 시장은 손님들로 북적인다. 스시 가게와 각종 반찬 가게도 평상심을 되찾았다. 20~30대 젊은 층들은 방사능 위험을 그리 신경 쓰지 않는 분위기다. 급기야 노다 요시히코(野田佳彦) 일본 총리는 2011년 12월 "후쿠시마 제1원전 사고 자체가 사실상 수습됐다"고 공식적으로 선언했다.

붐비는 쓰키지 시장

2011년 7월 도쿄 쓰키지 시장. 사람들의 표정에서는 '방사능 생선'에 대한 우려를 찾을 수 없다. 하지만 대부분 일본인들은 마음 한 구석에 불안감을 감추고 있다.

하지만 정말 원전 문제가 해결됐을까. 일본인에게 원전에 대한 질문을 조

금마 길이 해버며 그들의 마음속에 있는 공포를 한인화 수 있다. 특히 시새
아를 둔 아기 엄마, 가족의 식단을 책임지는 주부는 방사능 문제에 대해 무
척이나 민감하게 반응한다. 다만 공포에 질려 있어 봐야 어찌할 방도가 없
고, 시간이 흐르면서 사람들의 인식이 조금씩 무더지고 있을 뿐이다.

문부과학성(文部科学省)은 원전 사고 직후 대기 중 방사성 물질의 양을
매일 조사했다. 원전 사고 두세 달 후부터는 거의 전 지역에서 대기 중 방사
성 물질이 기준치 이하로 떨어졌다. "일본의 기준치가 세계 기준보다 너무
느슨하다"는 비판이 있긴 했지만 그래도 매일 눈으로 확인할 수 있는 수치가
확연히 줄어들어 일본인들은 어느 정도 안심했다.

문제는 식품이다. 방사성 물질이 포함된 낙진(落塵)으로 오염된 채소, 방
사성 물질이 함유된 비를 맞은 소의 고기, 방사능에 오염된 물에서 자란 생
선…. 모든 게 잠재적인 시한폭탄이다. 식품 오염은 일반인들이 방사능 측
정기로 검출하기도 쉽지 않다. 겉에 방사성 물질이 묻은 경우는 측정기로 확
인할 수 있지만 고기나 생선에 축적된 방사능은 휴대용 방사능 측정기로 확
인할 수 없다. 그래서 일본에서 식사할 때는 항상 꺼림칙한 느낌을 떨쳐버릴
수가 없다.

2011년 7월 17일 일본 센다이(仙台) 시의 록콘사이(六魂祭)를 보러 갔을
때였다. 록콘사이는 아오모리(青森), 아키타(秋田), 모리오카(盛岡), 야마가
타(山形), 센다이(仙台), 후쿠시마(福島) 등 일본 동북부 6개 지방의 마쓰리
(祭り: 축제)를 한 곳에 모아놓은 것이다. 그해 처음 열린 축제로 동일본 대
지진의 희생자의 넋을 위로하고 대재앙을 이겨내자는 염원을 담았다.

이틀간 행사에 일본 전역에서 약 37만 명이 몰렸다. 센다이 시 인구(104
만 명) 3분의 1을 넘는 숫자로 준비위원회의 예상치 10만 명을 훨씬 웃돌았
다. 당시 신칸센에 빈 좌석이 없고 대부분 센다이 호텔이 만석인 것을 볼 때
일본 전역에서 사람들이 몰렸다. 지진 피해를 어떻게든 돕고 싶다는 사람들

이 대부분이었을 것이다.

그 당시 센다이 기차역에서는 롯콘사이에 참여했던 6개 지방의 특산물 코너가 마련됐다.

"이 제품 안전한 거 맞나요. 방사능 검사는 했습니까."(필자)

"후쿠시마 제품은 저쪽 코너에서 팝니다. 우리는 센다이 제품이에요. 당연히 안전합니다."(상인)

'후쿠시마'라고 적힌 플랜카드 앞 매점에서 넌지시 방사능 피폭 가능성을 물어봤더니 상인은 깜짝 놀라며 진짜 후쿠시마 제품을 파는 매장을 손가락으로 가르쳤다. 그의 행동은 상인이건 소비자건 '후쿠시마산(産)=방사능 피폭'이라는 등식이 머릿속에 들어 있다는 것을 반증했다. 롯콘사이가 열렸을 때는 후쿠시마 원전 사고 이후 4개월이 지난 시점이었지만 가게에서 후쿠시마 과일이나 채소를 집어 드는 소비자는 거의 없었다. 아예 후쿠시마산 먹을거리 자체를 찾아보기 힘들었다.

행인만 보이는 후쿠시마 매장

2011년 7월 센다이 기차역에 마련된 6개 지방의 특산물 코너의 모습이다.
'후쿠시마(福島)'라고 적힌 판매대에는 행인만 오갈뿐 구매객이 없다.

일본 언론도 방사능 안전성을 지속적으로 점검했다. 한 TV 방송은 생선의 뼈와 내장에서 방사성 물질이 검출되는지 실험했다. 일본 정부는 방사성 물질 검사를 할 때 사람이 직접 먹는 부분만을 대상으로 하기 때문에 생선의 뼈와 내장, 과일의 껍질은 검사 대상에 포함시키지 않았다. 언론은 정부 조사의 빈틈을 채워주는 역할을 하고 있는 것이다. TV의 자체적인 분석 결과 생선의 뼈와 내장은 안전했다.

원전 사고 이후 첫 수확한 쌀에서도 문제가 발생했다. 농림수산성(農林水産省)은 햅쌀에 대한 방사성 물질 검사를 실시해 기준치인 kg당 500베크렐[1] 이상 검출되면 출하 정지를 시키고 있다. 햅쌀이 막 출하될 시점인 2011년 9월 초 현재 후쿠시마 인근 현의 969곳의 햅쌀을 검사한 결과 미야기, 후쿠시마, 지바 등지의 15곳에서 기준치를 넘는 세슘이 검출됐다.

세슘이 검출된 지역은 비교적 많지 않아 보인다. 하지만 주의해야 할 점이 있다. 나머지 954곳은 세슘 검출량이 0인 게 아니라 기준치보다 낮은 세슘이 나왔다는 것이다. 그 경우 농림수산성은 별도로 발표하지 않는다. 따라서 일본 전역의 햅쌀에서 미량의 방사성 물질이 포함돼 있을 확률이 높다.

같은 해 11월에는 후쿠시마산 햅쌀에서 기준치를 크게 초과한 방사성 세슘이 검출됐다. kg당 500베크렐이 기준치인데 최고 1,050베크렐의 방사성 세슘이 검출됐다. 이 일대 2만 가구에서 수확된 햅쌀에 대한 방사능 정밀 조사가 실시됐고, 시장 출하도 전면 금지됐다.

후쿠시마는 일본 4위의 쌀 생산지다. 후쿠시마 내 일부 지역의 쌀이 문제가 됐지만 쌀 포장지에 '후쿠시마'라는 글자만 찍혀 있으면 시장에서 팔

---

1) 방사선 측정 단위. 베크렐(Bq)과 시버트(Sv) 두 종류가 있는데, 베크렐은 물체가 내는 방사능의 양에 사용하며 시버트는 사람의 몸에 피폭되는 위험도, 즉 방사선량을 측정할 때 사용한다. 병원에서 1회 X선 촬영할 때 대략 0.03~0.05밀리시버트(mSv)의 방사선량을 받게 된다. 100밀리시버트의 방사선을 한꺼번에 맞더라도 별 영향이 없다. 다만 1,000밀리시버트를 맞으면 구토 및 설사 증세가 나타나며, 7,000밀리시버트 정도면 며칠 내 사망하게 된다.

리지 않았다. 노다 총리는 후쿠시마 농산물의 안전성을 홍보하기 위해 "후쿠시마에서 생산된 쌀을 먹겠다"고 밝혔지만 대부분의 사람들은 냉소를 보낼 뿐이다.

일본 소비자들이 정부 발표를 믿지 못하는 것은 식품 유통 행정이 주먹구구인 탓이 크다. 예를 들어 현행 정부 기준으로는 후쿠시마 쌀과 니가타(新潟) 쌀을 섞어 '국산'으로만 표시해도 표시기준상 위법이 아니다. 이 때문에 후쿠시마에서 생산된 쌀 상당량이 국산이라는 이름으로 일본 전국에 유통되고 있는 실정이다.

그렇다 보니 대부분 소비자들이 2010년산 묵은쌀을 찾고 있다. 9월부터 햅쌀이 출고되고 있지만 묵은쌀의 도매가가 인상되고 품귀 현상이 벌어지기까지 했다. 이 때문에 일부 소매점은 2010년산 쌀에 대해 한 명당 10kg까지 구매량을 제한했다

쌀뿐만이 아니다. 복숭아와 배, 오이 등 과수 농가에서도 피해가 속출하고 있다. 한 TV 프로그램에서 후쿠시마의 과수원 주인이 방사능 검사 결과를 보여주며 후쿠시마산 복숭아를 홍보했다. 그는 "우리 농장의 복숭아에서 미량의 세슘이 검출됐다. 완전히 검출되지 않았으면 더 좋았겠지만 그래도 기준치 이하의 미량이다. 신체에는 이상이 없다. 후쿠시마 복숭아를 많이 애용해달라"고 말했다. 농부로서 사실을 있는 그대로 말했지만 '세슘 검출'이라는 그 한마디로 소비자들은 후쿠시마산 과일을 쳐다보지도 않았다.

'아이만큼은 지키고 싶다'

도쿄에 사는 우에노 사쿠라(上野桜·35·가명) 씨는 초등학교 1학년인 딸의 도시락 싸는 게 핵심 일과 중 하나다. 학교 측에 대해서는 "딸의 알레르기가 심해 급식을 먹기 곤란하다"고 말했지만 실제는 후쿠시마 원전 사고 이후 급식 메뉴를 믿을 수 없어 손수 도시락을 싸기로 했다.

매일 오후 다음날의 급식 메뉴를 확인하고, 그것과 똑같은 내용물로 도시락을 만든다. 동급생 중 딸만 도시락을 싸오는 상황에서 메뉴까지 다르면 딸이 이지메 당할 수 있기 때문이다. 야채와 두부 등은 간사이(関西) 지방에서, 계란은 규슈(九州)에서 직접 배달해 먹는다. 재료 산지는 모두 후쿠시마 원전으로부터 500km 이상 떨어진 곳이다.

우에노 씨는 도쿄의 대표적인 전자상가 아키하바라(秋葉原)에 가서 방사능 측정기도 살펴봤다. 왠지 미덥지 못해 인터넷으로 미국제품을 6만5,000엔에 구입했다. 이를 가지고 학교, 집 주위, 공원 등의 방사성 물질 수치를 매일 측정했다. 다른 기종을 가지고 있는 학부모와 2명과 한 조가 돼 돌아다니며 같은 곳을 재보기도 한다. 이제는 원전에 대해 꽤 해박한 지식을 갖게 돼 방사성 물질 이름만 들으면 특징, 일본 정부가 정한 허용치, 반감기[2] 등을 줄줄 왼다.

한 번은 방사능 문제를 담당하는 공무원과 동행하며 방사성 물질을 측정해본 적도 있다. 시가 발표하는 측정치가 자신이 잰 것 보다 너무 낮게 나왔기 때문이다. 공원과 학교 운동장 등을 재본 결과, 우에노 씨의 측정기는 평균 0.04마이크로시버트 정도 높게 나왔다. 우에노 씨는 공무원에게 "좀 더 정밀하게 반응하는 방사능 측정기를 구매하는 게 어떻겠느냐"고 조언했다.

여기서 한 가지 짚고 넘어가야 할 게 있다. 도쿄의 모든 주부들이 우에노 씨처럼 민감하게 반응하는 것은 아니다. 우에노 씨는 방사능 대응 문제로 남편과 끊임없이 다툴 정도로 너무 심한 측면이 있는 것이 사실이다. 도쿄는 후쿠시마 원전으로부터 200km 이상 떨어져 있다. 일본 정부가 설정한 위험지역인 30km의 약 7배 거리다. 원전 사고 이후 1년이 지나면서 상당수 도쿄 시민들은 방사능에 꽤 무감각해졌다. 특히 노인들은 둔감한 편이다. 방사능

---

2) 반감기는 방사선량이 절반으로 줄어드는 기간을 뜻한다. 예를 들어 세슘137은 반감기가 30년, 방사성 요오드는 반감기가 8일이다.

에 오염됐다고 하더라도 그 문제가 10~20년 후에 나온다면 노인들이 방사능에 무감각할 법도 하다.

하지만 아이를 둔 주부는 크고 작은 정도의 차이는 있겠지만 상당한 방사능 공포를 갖고 있다. 한 일본 언론사가 2011년 6월 도쿄, 지바(千葉), 사이타마(埼玉), 가나가와(神奈川) 지역의 어머니 618명을 대상으로 원전 사고 관련해 설문조사한 적이 있다. '방사성 물질이 아이에게 영향을 미칠지 불안을 느낀 적이 있는가'라는 질문에 98%가 "있다"고 답했다. 그들은 '농축산물이나 수산물의 산지를 확인한다'(76%), '수돗물을 아이에게 먹이지 않는다'(69%), '아이를 피난시킨 적이 있다'(10%) 등과 같은 방법으로 스스로 방사능과 싸우고 있었다.

지바 현에 사는 나카무라 지즈코(中村千鶴子·31·가명) 씨는 2011년 6월부터 오키나와(沖縄) 나하(那覇) 시에서 4살짜리 아들과 함께 살고 있다. 남편은 지바 현에 남아 계속 일했다.

3월 대지진 당시에는 교토(京都)에 있는 친척집으로 피난 갔다가 한 달 후에 지바로 돌아왔다. 불안한 마음에 매일같이 인터넷을 통해 방사능 정보를 구했다. 그러다가 지바 현이 발표하는 대기 중 방사선량보다 주민들이 지상에서 직접 측정한 방사선량이 더 높다는 사실을 알게 됐다. 다시 음식과 물이 걱정되기 시작했다. 게다가 뛰어다니기 좋아하는 아이를 항상 집 안에 가둬놓고 DVD만 틀어주기도 미안했다.

'도저히 불안해서 못 살겠다'는 생각이 들 무렵, 나카무라 씨는 원전 사고가 발생한 후쿠시마에서 가장 멀리 떨어진 도시를 찾았다. 답은 오키나와. 지바에서 약 1,500km 떨어져 있었다. 비행기로 가자면 2시간 50분 정도 걸린다.

남편에게는 "아이 때문에 도저히 안 되겠다. 한 달 정도 지내고 마음이 안정되면 돌아오겠다"고 말했다. 편도 티켓만 끊은 채 6월 초 오키나와로 갔다. 먼저 부엌이 딸린 원룸을 찾았다. 지진 및 원전 피난민들을 지원해주는 곳과 계약을 맺었다. 1달 임대료는 4만5,000엔. 원룸 안에 산지를 확인해가며 물, 야채 등 식재료를 가득 사놨다.

남편 혼자 버는 상황에서 두 집 살림을 하자 경제적으로 벅찼다. 식료품 비용이 만만치 않았다. 게다가 지바 현의 집도 35년 분할 상환으로 대출을 받아 산 것이었다. 하지만 한 달이 지났을 무렵 지바로 되돌아가지 못했다. 보이지 않는 공포와 맞서 싸울 용기가 없었기 때문이다. 그러다 6개월을 넘겼다. 매일 '돌아갈까, 아니 일주일만 더 머물까' 갈등하면서 시간을 보내고 있다.

오키나와 현 사회복지협의회에 따르면 대지진 발생 6개월이 지난 시점에서 나카무라 씨처럼 오키나와로 피난 온 가구는 181세대 496명이다. 특히 도쿄, 지바, 사이타마(埼玉), 이바라키(茨城) 등 '방사선 핫스팟(hot spot)' 문제가 있었던 지역에서 온 사람들이 많다. '비정상적일 정도로 민감한 사람'만이 피난 온다고 보기에는 너무 많은 숫자다.

방사선 핫스팟이란 정확한 원인이 밝혀지지 않은 채 방사선량이 주변 지역에 비해 유난히 높게 나오는 장소를 일컫는다. 처음에는 원전사고가 터진 후쿠시마 현에서만 나타나더니 시간이 지날수록 도쿄와 인근 지바, 사이타마 등지에서도 발견되고 있다. 그만큼 문제 지역이 넓어진 것이다.

특히 2011년 10월 도쿄 서부 세타가야(世田谷) 구 인근 주택가 인도에서 시간당 2.7마이크로시버트의 방사선량이 측정돼 도쿄 주민들이 크게 놀랐다. 이는 지역 내 다른 지점에서 정기적으로 실시한 측정량의 50배가 넘는 수치다. 2.7마이크로시버트는 연간으로 계산하면 14.2밀리시버트로 국제 허용 기준 1밀리시버트를 14배 이상 초과한다. 문제가 된 세타가야 구의 핫스팟은 초등학생들의 통학로이며 인근에는 유치원과 보육원까지 있었다.

비슷한 시기에 도쿄 인근 지바 현 후나바시(船橋) 시 안데르센공원에서 시간당 5.82마이크로시버트가 검출됐고, 나가노(長野) 현의 한 초등학교에서도 시간당 1.7마이크로시버트의 방사선량이 측정됐다. 전문가들은 바람이 불고 비가 내리면서 지표면의 방사성 물질들이 여기저기로 이동하면서 핫스팟이 생기고, 매번 그 위치가 달라진다고 분석했다. 이제 일본은 원전 사고가 일어난 후쿠시마뿐 아니라 200km 이상 떨어진 도쿄도 안전하지 못한 셈이다.

앞서 2011년 8월 13일 도쿄에서 열린 '일본소아과학회'에서는 충격적인 연구 결과가 발표됐다. 히로시마(広島)대학 다시로 사토시(田代聰) 교수 연구팀은 이날 발표에서 "2011년 3월 말 일본 정부 사고대책본부의 의뢰로 후쿠시마 현 내 어린이 1,149명의 갑상선 피폭량을 조사한 결과 약 절반의 어린이들에게서 방사능이 검출됐다"고 밝혔다.

연구결과가 발표된 때는 원전 사고 뒤 5개월이 지난 시점이었지만 이러한 결과가 나오자 시민들은 또다시 불안에 휩싸였다. 후쿠시마에 있는 초등학교에서는 방사능 오염의 공포에 휩싸인 학부모들의 문의 전화가 쇄도했고, 교육 당국은 학생들을 대상으로 방사능 검사를 다시 실시하기도 했다.

방사능 관련한 일본 정부의 발표를 제대로 믿지 못한 일본인들이 단체 행동에 나서기도 했다. 노동운동과 학생운동이 흔하고, 때로는 전투적이기까지 한 한국과 달리 일본인들은 단체 행동에 잘 나서지 않는다. 하지만 원전 사태 이후 '정치 무관심'에 대한 깊은 반성이 일어났고, 평범한 주민들이 직접 목소리를 내기 시작했다. 특히 엄마들이 선두에 나선 점이 눈길을 끈다.

2011년 11월 하순 도쿄 기타(北) 구의 구의회 본회의장은 방청객으로 가득 찼다. 이례적인 일이었다. 이날은 방사선량 측정, 오염 제거 대책, 급식 식자재 오염 측정 등 방사능 대책을 논의하는 날이었다. 방청석을 가득 채운 사람들은 '방사선으로부터 기타 구 어린이를 지키는 모임' 회원들이었다. 이들은 구청장의 방사능 대책을 일일이 메모해가며 회의에 집중했다.

이들이 처음 모이게 된 계기는 원전 사고를 설명하는 정부의 전단지였다. 후생노동성(厚生労働省)은 임신 중이거나 아기를 키우는 부모에게 방사선 우려에 대한 답을 하겠다며 전단을 만들었는데 거기에는 '안전, 안심'이라는 단어가 반복적으로 나왔다. 그러자 오히려 주민들의 불신감이 높아졌다. '물은 정말 안전한가', '공원에서 놀아도 문제가 없나'와 같은 의문이 일었고 일부 주민들은 구청에 관련 내용을 몇 번이나 질의했다. 속시원한 답을 얻지 못한 주민들은 불안한 마음을 트위터에 올리기 시작했고 그러면서 같은 문제 의식을 갖게 된 엄마들끼리 모임을 만든 것이다.

모임 결성 전까지는 모두 평범한 주부였다. 구청이나 구의회가 회의를 어디서 여는지조차 몰랐다. 하지만 방사능으로부터 아이들을 지킨다는 생각에 이들은 서로 만나 방사능 대처에 대해 논의했다. 궁금한 점은 따로 모아 청원서를 만들어 구청에 질의했다. 그리고 방사능 관련 회의 때 매번 참석해 구청의 방침을 경청했다.

엄마들이 적극적으로 나서는 데는 이유가 있었다. '목소리를 내니까 행정이 바뀌더라'는 경험 때문이다. 한 살, 세 살, 네 살 된 딸을 둔 엄마이자 'NO! 방사능, 고토(江東) 구 아이를 지키는 모임' 대표인 이시카와 아야코(石川アヤ子 · 34) 씨는 2011년 6월 도쿄도와 고토 구에 긴급 제안서를 제출했다. 사전에 고베(神戸)대학의 방사선 물리학 전공 교수와 함께 고토 구 내 방사선량을 측정했다. 구청의 모니터링 결과보다 무려 5배 이상 높은 수치를 보였던 지점도 있었다. 이시카와 씨는 "도쿄도 확실히 오염됐다"고 느꼈다. 그 결과를 첨부해 도청과 구청에 자세한 방사선량 측정을 해줄 것을 요구했다. 요청서를 제출한 직후 태어나 처음으로 기자회견을 열기도 했다.

그러자 구청의 태도가 180도 달라졌다. 예전에는 방사선량 측정 의뢰를 해도 "염려하지 말라. 너무 걱정을 많이 하는 것은 정신건강에 좋지 않다", "신주쿠(新宿)에 설치된 모니터에 따르면 방사선량 수치는 아무 문제없다"

는 말만 반복했다. 하지만 기자회견 다음날 구청장은 곧바로 방사선량 재조사를 명령했다.

도쿄 도내에 이 같은 모임이 속속 생겨나고 있다. 원전 사고 발생 3개월 후에는 23개 모임이 연합한 '도쿄연합 어린이를 지키는 모임'이 결성되기도 했다. 불안한 마음을 속으로 삭이던 엄마들이 마음을 터놓고 의견을 교환했다. 그들 대부분은 "너무 지나치지 않느냐"며 백안시하는 주위의 시선에 시달렸기에 같은 뜻을 가진 엄마들의 모임이 더없이 반가웠다.

모임을 결성하지 않더라도 정부나 지자체의 방사선량 조사 결과에 의문을 품은 엄마들이 모여 학교, 공원 내 '핫스팟'을 자체적으로 찾아내는 활동도 활발하다. 이들을 모이게 만든 것은 트위터다. 한 사람이 "아이가 다니는 ○○초등학교에 방사선량 검사를 요청했지만 거절당했다"라고 트위터에 올리면 비슷한 문제 의식을 가진 엄마들은 팔로어를 신청했다. 그 후 서로 정보를 주고받으며 직접 나서서 방사선량을 측정하는 것이다.

혁혁한 성과를 올리기도 한다. 후쿠시마 원전에서 250km 떨어진 가나가와(神奈川) 현 요코하마(橫浜) 시 주민은 2011년 10월 시내 아파트 옥상의 진흙 퇴적물에서 세슘보다 독성이 강한 스트론튬을 직접 측정해 찾아냈다. 요코하마 시는 후쿠시마 사고 원전에서 날아온 것이라고 공식 발표했다. 일본 정부는 그동안 원전 반경 100km 내에서만 스트론튬 오염 여부를 조사해 왔기 때문에 요코하마 시는 검사 대상이 아니었다. 행정의 공백을 주민들이 메운 셈이다.

일본 정부도 꾸준히 방사능 검사를 하고 있지만 주민들이 직접 나서는 것처럼 세밀하게 하지는 못한다. 핫스팟이 국지적으로 존재하고, 바람이 불거나 비가 오면 핫스팟이 달라지기도 하기 때문에 한정된 행정 인력으로 구석구석 조사하기란 애초부터 무리였는지도 모르겠다.

확산되는 일제(日製) 불신

미국 영화 〈트랜스포머〉의 주인공인 샘은 아버지가 선물한 중고차가 로봇으로 변신해 다른 로봇과 싸우는 장면을 본다. 놀라빠진 샘은 혼자 말한다. "저건 초강력 지능형 로봇이야. 분명히 일본에서 만들었을 거야."

굳이 그 영화를 예로 들지 않더라도 일본 제품에 대한 국제적 신뢰도는 매우 높다. 일제(日製)는 안전, 정교, 신뢰의 대명사처럼 여겨져 왔다. 아이폰과 같은 세상에 없는 물건을 창조하는 능력은 떨어져도 기존에 있는 물건을 가장 완벽하게 만들어내는 곳이 일본이다. 대기업이든 중소기업이든 '모노즈쿠리(ものづくり: 물건만들기)'라는 장인정신으로 똘똘 뭉쳐 있어 품질 높은 제품을 만들 수 있었고, 그런 제조업의 경쟁력 덕분에 일본은 세계 최고 수준의 경제대국이 될 수 있었다.

하지만 동일본 대지진 이후 일본 제품에 대한 신뢰도가 추락하고 있다. 해외에서만 그런 게 아니다. 일본 국내에서도 마찬가지다.

오리온의 '마켓오 리얼브라우니'는 2011년 9월 이후 세 달 이상 일본의 쿠키 · 비스킷 분야에서 판매량 1위에 올랐다. 판매 실적도 2위 제품을 두 배 차이로 따돌렸다. 대상 청정원의 '마시는 홍초', 광동제약 '옥수수 수염차'도 일본 마트에서 흔히 볼 수 있다. 마시는 홍초는 한국 미인들이 일상적으로 마시는 음료로 입소문을 타면서 일본 여성들에게 큰 인기다. 2008년 하반기 일본에 본격적으로 진출했지만 2011년 8월부터 인기가 급격히 높아지기 시작했다. 옥수수 수염차는 판매한 지 6개월 만인 2011년 4월에 출하량이 출시 초기의 14배에 달했다. 막걸리, 맥주 등 주류 시장에서도 '메이드 인 코리아'가 일본 시장에서 크게 약진하고 있다.

일본 경제 주간지 닛케이비즈니스(2011년 12월 26일자)는 한국 제품이 2011년 한 해 동안 일본 식음료 시장을 주름잡는 내용을 전하면서 그 이유로 '일본 제품에 대한 무조건적인 신뢰의 붕괴'를 꼽았다. 동일본 대지진, 원전 사고, 강제적인 절전 등이 잇달아 일어나면서 일제(日製)를 불신하기 시작한 것이다. 과거 일본인들은 수입 제품에 대해 '제대로 믿을 수 없고 성능도 떨어진다'고 인식했지만 동일본 대지진 이후 거꾸로 '일본 제품은 불안하다'고 생각하게 되었다.

일본 제품에 대한 불신은 부품 및 소재, 자동차, 전자제품 등으로 번지고 있다. 계획정전(전력회사가 정전을 예고한 뒤 행하는 정전)으로 전력 공급이 일정치 않고, 이로 인해 제품에 불량이 생기는 게 결정적인 이유다. 특히 반도체의 재료가 되는 웨이퍼(wafer)는 일정한 전력이 공급되지 않으면 불량품이 대거 생긴다. 전자기기의 배선 기판에 사용되는 얇은 구리도 잠시라도 전기가 끊어지면 품질에 문제가 생긴다. 일본은 앞으로 원전을 줄이고 재생 에너지를 늘려나간다는 계획이다. 2010년 기준 전체 전력 공급량의 약 30%를 차지하는 원전이 줄어든다면 상당 기간 계획정전이 불가피할 수 있다.

게다가 지진과 쓰나미와 같은 자연재해가 너무 흔하다는 점도 일본 제품에 대한 불신을 높이고 있다. 일본산 부품에 의존하다가 이번 동일본 대지진과 같은 사태가 터진다면 제때 부품을 공급받지 못할 수 있다.

이런 우려를 인식해 일본 기업들은 해외로 공장을 옮기거나 해외 아웃소싱을 늘리고 있다. 더구나 엔화가 강세를 보이고 있어 일본 기업이 해외 진출에 나서기에 좋은 기회다. 하지만 이 방법이 일제 불신을 해결하는 근본적인 열쇠가 되지는 못한다. 현지에서 노동자를 고용하면 일본 특유의 모노즈쿠리 정신이 발휘되기 힘들다. 게다가 해외에서 생산하더라도 핵심 부품은 일본에서 가져오는 경우가 많아 불량의 가능성은 고스란히 남아 있다.

젊은이들의 피해지 기피

동북 지역의 공장과 농지가 쓰나미로 쑥대밭이 되다 보니 자연히 실업자가 늘어날 수밖에 없다. NHK방송에 따르면 동일본 대지진 이후 2012년 1월 현재까지 실업 상태인 피해자는 12만 명에 달했다. 또 가장이 실업 상태인 가구의 34%는 실업수당을 포함한 월 평균 수입이 10만 엔에도 미치지 못한다. 지진의 충격에서 일어서려면 우선 제대로 된 일자리를 구하는 게 급선무다.

하지만 아이러니하게도 대지진 피해지에서 기업들이 일할 사람을 구하지 못해 아우성이다. 특히 복구 작업으로 대목을 만난 건설업체들이 일꾼 부족에 시달리고 있다. 지진 피해지에 실업자도 늘고, 사람을 못 구하는 기업도 느는 이유가 뭘까.

젊은이들의 피해지 기피 현상이 하나의 원인이다. 대지진 이후 도시로 떠나는 피해지 젊은이들이 줄을 잇고 있다. 쓰나미 피해를 입은 동일본의 연안 지역은 예전부터 수산 가공업이나 어업이 발달했다. 젊은이들에게는 그리 매력적인 일자리가 아니다. 그런데다 쓰나미까지 들이닥쳤으니 뒤도 돌아보지 않고 도시로 떠나고 있다. 다른 지역의 젊은이들이 피해지의 기업에 입사하기도 꺼린다. 역시 위험하다는 이유 때문이다.

구직자와 구인 기업의 '눈높이 차이'도 문제다. 구인 기업은 아르바이트생이나 비정규직을 뽑고자 하지만 피해지 주민들은 제대로 된 정규직 직장에 입사하고자 하기 때문이다. 이와테 현 노동국에 따르면 2011년 10월 현재 기업이 뽑고자 하는 사람 수는 2만4,000명이다. 그해 6월부터 10월까지 4개월 동안 약 4,500명 늘었다. 하지만 취직 건수는 6월 4,700건에서 10월 3,800건으로 줄었다. 미야기 현도 상황은 비슷하다.

피해 지역의 실업 문제 해결을 위해 일본 국회도 나섰다. '동일본 대지진 부흥특별구역법'을 만들어 피해지에 새로운 사업을 시작해 5명 이상 종업원을 고용하는 기업에게는 법인세를 5년간 면제해주기로 했다. 다른 지역에 있는 기업을 지진과 쓰나미 피해지로 유도하기 위한 조치다. 대지진 피해를 입은 222개 지방자치단체가 이 법의 적용을 받는다.

하지만 이 대책에 대해 피해지 중소기업들은 반감을 갖고 있다. 안 그래도 사람 구하기가 힘든데 대형 기업이 와서 지역 인력들을 흡수해버리면 더욱 사람 구하기가 힘들어지기 때문이다. 피해지의 고용 문제는 여러 모로 복잡한 상황이다.

한편 2011년 10월 일본의 실업률은 4.5%. 동일본 대지진이 일어나기 전인 같은 해 2월의 4.6%보다 더 낮았다. 동일본 대지진으로 실업자가 대폭 늘어났음에도 불구하고 대지진 이전보다 실업률이 더 낮은 이유에 대해 일본 종합연구소 야마다 히사시(山田久) 조사부장은 "기업에 입사하기 위해 여러 번 도전했다가 실패한 후 아예 구직 활동을 포기하는 사람이 늘어난 영향이 크다"고 설명했다. 구직 활동을 해야만 실업률에 잡힌다. 도저히 일자리를 구하지 못해 집에서 가사 일만 전담하면, 즉 구직 활동을 더 이상 하지 않으면 실업률 계산에 잡히지 않는다. 그 때문에 실업률은 낮아진다.

일본은 없다?

『아사히신문』의 서울 특파원 한 명과 함께 한국과 일본 양국의 강점이 어디에 있는지 토론한 적이 있다. 두 사람이 한참 고민을 한 후 결론을 내렸다. 『아사히신문』 특파원은 일본이 패전을 딛고 일어서 경제 강국이 된 배경에 대해 '로열티(royalty)'라고 답했고, 나는 한국의 급속 성장의 힘을 '스피드(speed)'로 답했다. 두 사람 모두 지극히 개인적인 의견이었다.

떠올려보면 일본인들은 확실히 한국 사람보다 높은 로열티를 갖고 있다. 국가에 대한 로열티, 기업에 대한 로열티, 상사에 대한 로열티, 고객에 대한 로열티 등 모든 측면이 그러한 것 같다. 물론 기업에 대한 사원들의 로열티는 1990년대 거품경제 폭발 이후 비정규직을 많이 사용하면서 일정 부분 퇴색된 것도 사실이다. 하지만 대부분 로열티는 매우 높은 수준이다.

일본에서 택시를 타면 열심히 최선을 다해 운전한다. 한국처럼 난폭하게 운전하거나 다른 손님을 또 태우거나 하는 것은 상상하지도 못한다. 고객에 대한 로열티가 높은 것이다. 홋카이도에서 고속도로를 운전해보니 대부분 차량들은 2차선으로 달렸다. 1차선은 앞지르기를 할 때만 잠시 사용했다. 이 덕분에 대부분 운전자들이 모두 자신이 원하는 속도로 차를 운전할 수 있었다. 교통법규에 대한 로열티가 높은 셈이다. 공장 노동자들은 잔꾀를 부리지 않고 더 개선할 점이 없는지 항상 생각한다. 도요타의 기업 문화인 가이젠(改善)이 일반화돼 그런지도 모르겠지만 어찌됐든 자기 회사에 대한 로열티가 높다.

사회 전반에 형성된 높은 로열티는 특히 부시(武士) 정권 약 700년에 걸쳐 형성되지 않았을까 싶다. 사회 지배 계층이었던 부시는 자신이 모시는 다이묘(大名: 1만 석 이상의 영지를 가진 지방 영주)에 대해 충성을 다했다. 전쟁에서 자신의 다이묘가 사망하면 그 아래 가신들은 자살이란 방법을 택했다. 일본 역사를 보면 자살이 너무나 흔할 정도로 자주 나오는데, 자신이 모시는 주군, 남편, 상사 등에 대한 최고의 로열티를 자살로 표현하는 것 같다.

부시에 물품을 납품하는 상인은 허투루 장사할 수 없었다. 자칫 개수를 속이거나 품질이 나쁠 경우에는 부시의 칼에 목이 달아날 판이었다. 당시 일본 상인들은 거래를 할 때 상대방의 신용도를 중시했기 때문에 물건만 좋다고 하여 낯선 사람과 당장 거래를 트지 않았다. 이런 상거래가 지속되면서 물건을 만드는 이는 불량품이 없고 좋은 제품을 만들도록 최선을 다할 수밖에 없다.

기술력에 대한 믿음이 있었기에 원자력 건설에도 나설 수 있었을 것이다. 1970년대부터 원전을 건설해 2012년 3월 현재 54개의 원자력 발전소를 갖고 있다. 일본의 원자로는 문제가 생겨 긴급 정지되는 확률이 1개 원자로에서 연간 0.3회 내외다. 대체로 1년에 1회 정도 발생하는 외국 사례와 비교하면

일본의 원자력 기술은 매우 높은 편이다.[3)]

하지만 후쿠시마 원전 사고는 일본의 기술력과 안전 신화에 한꺼번에 찬물을 끼얹었다. 일본 국내외에서 방사능 유출 문제를 지속적으로 제기하고 있고 일본 제품에 대한 신용도도 낮아지고 있다. 자연재해라면 어쩔 수 없었겠지만 원전 사고는 인재(人災)에 해당하는 측면이 크다. 일본에 대한 불신은 향후 일정 기간 계속 이어질 것으로 보인다.

하지만 일본 국민들의 로열티 정신이 꾸준히 계승된다면 일본에 대한 신뢰는 언젠가 되돌아올 것이다. 이미 일본은 3·11 대지진과 같은 재해가 왔을 때를 대비한 방재 기술을 쌓고 있고, 모든 원전을 폐기하고 재생 에너지 비율을 높이는 것으로 방향을 잡았다. 저출산 고령화, 국내총생산(GDP)의 2배에 이르는 국가 부채, 장기 침체에 빠진 경제 등 고질적인 문제들이 산적해 있긴 하지만 일본을 경제대국으로 만들어놓은 국민들의 로열티가 있다면 모두 극복할 수 있을 것이다. 이미 일본은 각종 재해를 극복하면서 성장한 저력을 수도 없이 보여주지 않았는가.

---

3) 원자력 발전에 대한 일본의 기술력 수준은 2011년 후쿠시마 원전 사고가 터지기 이전부터 이견(異見)이 있었다. '원자력 배'와 같이 일본이 독자적으로 원자력 기술을 개발한 분야는 계속 실패했다. 거기에 후쿠시마 사고가 터졌으니 일본의 원자력 기술력은 높지 않다는 주장이 힘을 얻고 있다.

덴노가 움직인다

"피해자가 겪게 될 고난을 우리 모두가 다양한 형태로 조금씩이라도 나눠 도와주는 게 중요하다고 생각합니다."

동일본 대지진이 일어난 지 닷새 후인 3월 16일, 아키히토(明仁) 덴노(天皇: 천황)의 담화가 일본 TV에서 흘러나왔다. 5분 56초의 긴 담화였다. 덴노는 "사망자가 매일 증가하고 있고 희생자가 몇 명인지조차 모른다. 한 사람이라도 더 많은 사람이 무사하기를 기원한다"고 말했다.

또 "강추위 속에서 많은 사람이 식량·음료·연료 부족으로 매우 힘든 대피 생활을 하고 있다. 구제에 전력을 기울여 피해자의 상황이 조금이라도 호전되길 바라며 모두가 힘을 합쳐 이 불행한 시기를 뛰어넘기를 간절히 희망한다"고 말을 이었다.

덴노가 비디오를 만들어 그 메시지를 국민들에게 내보낸 것은 이번이 처음이다. 일본 언론에 따르면 덴노가 비디오 메시지를 만들기로 결정한 날은 3월 15일. 원자력위원회와 경찰청으로부터 피해 상황 설명을 들은 날이었다. 당시 후쿠시마(福島) 제1원자력발전소의 4호기에서 화재가 났고, 3호기 주변에서는 방사성 물질이 다량 함유된 것으로 추정되는 흰 연기가 방출됐다. 원전이 통제 불능 상태로 치닫고 있던 때였다.

아키히토 덴노는 미치코(美智子) 왕비와 상의해가면서 담화문 내용을 정하고 직접 문장을 완성했다. 16일 오후 비디오 촬영을 끝내고 곧바로 언론사에 넘겼다. "원전 사고 등 긴급 뉴스가 들어오면 비디오 메시지 방송을 중단하고 긴급 뉴스를 우선하라"고도 했다. 일본 왕실의 매뉴얼대로라면 상상도 할 수 없는 배려였다.

동일본 대지진을 극복하기 위한 덴노 대응은 이뿐만이 아니다. 그는 그후 피난소나 피해 현장으로 가 주민들을 한 명 한 명 위로했다. 주민 중에는 감격해 눈물을 흘리는 사람도 있었다. "덴노의 대응은 종전 직후를 떠올리게 한다"고 말하는 일본인도 많았다. 히로히토(裕仁) 덴노는 패전 후 1946년 2월부터 수년간에 걸쳐 전국을 순행한 바 있다. 1년도 안 돼 바뀌는 수상의 피해지 순방보다 덴노의 말 한마디는 훨씬 영향력이 컸다.

덴노(天皇). 일본의 운명이 기로에 섰을 때 덴노는 항상 구심점이 되어왔다. 현재 덴노는 실질적 권한을 갖지 못한 상징적 존재다. 과거 '살아 있는 신'에서 현재 '인간'이 된 덴노지만 여전히 국민을 하나로 뭉치게 하는 보이지 않는 힘을 지니고 있다. 일본이 지속적으로 우경화되어가는 것의 뿌리에 덴노가 자리하고 있다. 일본을 제대로 알려면 덴노의 의미를 정확히 알아야 한다.

덴노의 방문, 감격하는 주민

동일본 대지진이 일어난 지 19일이 지난 3월 30일, 아키히토 덴노와 미치코 왕비는 후쿠시마에서 피난해온 피난민들이 모여 있는 도쿄무도회관에 들러 그들을 위로했다. 그 후 사이타마(埼玉), 지바(千葉) 등지의 피난소를 속속 방문했다. 대지진의 피해가 컸던 미야기(宮城), 이와테(岩手), 후쿠시마 등 동북지역 3개 현으로도 직접 갔다. 비가 오는 도중 우산도 쓰지 않고 묵례를 올린 경우도 있었다.

간 나오토(菅直人) 당시 총리가 공식적으로 방문한 재해 지역은 5곳. 덴노는 모두 합해 12개 지자체를 방문했다. 총리에 대해서는 늦은 대응 등에 대해 화를 내는 피난민도 있었지만 덴노에 대해서는 한없이 의지하고 눈물을 흘리며 감격스러워하는 모습이었다.

아키히토 덴노는 재해 주민 격려를 태평양전쟁 위령과 함께 가장 중요한 업무로 여기고 있다. 부친 히로히토 덴노가 전쟁의 이미지를 갖고 있다면 아키히토 덴노는 평화 이미지를 심고 있는 것이다.

피해 주민들은 나루히토(德仁) 왕세자와 마사코(雅子) 왕세자빈의 방문도 크게 반겼다. 나루히토 왕세자는 아키히토 덴노의 장남으로 왕위 계승 1순위. 마사코 왕세자빈은 병원 요양을 한 지 7년째였다. 2004년 적응 장애를 앓고 있다는 사실이 공표됐고 왕실 일가의 공무에도 얼굴을 내비치지 못했다. 그런데 이번 대지진 피해지 방문에 직접 나선 것이다.

아키히토(明仁) 덴노 일가

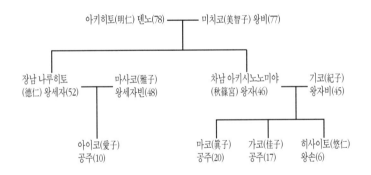

* 나이는 2012년 기준.

왕세자 부부는 도쿄와 사이타마 등지의 피난소를 방문했고 6월 4일에는 자위대 비행기를 타고 지진의 피해가 컸던 미야기(宮城) 현을 찾았다. 마사코 왕세자빈은 피난소에서 피난민의 이야기에 귀를 기울일 뿐 아니라 "정말 힘들었지요", "괴로웠겠네요"라며 위로의 말을 건넸다. 간간이 눈시울이 붉어지고 손수건으로 눈언저리를 찍는 모습도 보였다.

피난민들 중에는 "왕세자빈도 힘내세요"라고 응원하는 이도 있었다. 왕족이 아니라 평민 외교관 출신인 그는 왕세자와 결혼 후 왕실 업무에 잘 적응하지 못했다. 결혼 후 8년 만에 어렵게 딸을 낳았지만 왕위를 이어야 하는 아들을 낳아야 한다는 부담은 여전했다. 피난민들은 오래간만에 왕세자 옆에 마사코 왕세자빈이 있는 모습에 반가워하면서 왕세자빈에 대해서도 격려한 것이다.

아키히토 덴노의 차남인 아키시노노미야(秋篠宮) 왕자도 11개 지자체를 문안하며 존재감을 드러냈다. 피해지에서 머문 시간도 길었고 심지어 숙박까지 한 경우도 있었다. 아키시노노미야 왕자의 장녀인 마코(真子) 공주는 국제기독교대학의 여름방학 중에 피해지에서 자원 봉사 활동을 했다. 차녀이자 고등학생인 가코(佳子) 공주는 후쿠시마 현 등에서 열린 전국적인 문화제 행사에 아키시노노미야 왕자 부부와 함께 참석했다.

일본 왕실 가족사진.
의자에 앉은 사람들은 왼쪽부터 나루히토(德仁) 왕세자, 아키히토(明仁) 덴노, 미치코(美智子) 왕비, 아키시노노미야(秋篠宮) 왕자, 노리노미야(紀宮) 공주. 앉아있는 사람들은 왼쪽부터 마코(真子) 공주, 기코(紀子) 왕자비, 가코(佳子) 공주, 아이코(愛子) 공주, 마사코(雅子) 왕세자빈이다. 여성 왕족이 일반 남성과 결혼하면 왕족에서 제외된다. 노리노미야 공주는 2005년 도쿄도 직원과 결혼하면서 더 이상 왕족 신분이 아니다.

피난민들은 덴노 방문에 대해 '황공'해 하는 모습이었다. 고마워 눈물을 흘리거나 범접하지 못하고 예의를 갖췄다. 가족과 재산을 잃은 피난민들은 덴노의 방문으로 정신적 힘을 얻었다. 1945년 2차 세계대전 패전과 함께 덴노는 더 이상 신이 아니라 인간이다. 하지만 대재난 앞에 피난민들이 가장 의지하고 마음의 위안을 삶은 대상은 덴노였다.

물론 상당수 젊은 세대는 덴노에 무관심할 뿐 아니라 비판적인 사고를 가지고 있기도 하다. 실제 정월 초 덴노가 살고 있는 도쿄의 고쿄(皇居)를 찾아 신년 인사하는 국민들의 수도 매년 줄어들고 있다.

하지만 대다수의 일본인들 마음속에 덴노는 살아 숨쉬고 있다. 일본 공영방송 NHK가 아키히토 덴노 즉위 20주년을 맞아 2009년에 실시한 설문조사[4]에 따르면 왕실(皇室)의 대한 관심에 대해 70%가 긍정적(매우 많다 19%, 다소 있다 51%)으로 답했다. 왕실의 역할에 대해서는 85%가 긍정적(매우 잘한다 48%, 잘한다 37%)으로 응답했다. 이런 절대적인 믿음이 있기에 덴노는 국가적 위기 시 그 누구보다도 강력한 일본의 구심점이 될 수 있다.

〈표 1〉 왕실(皇室)에 대한 관심

매우 많다	다소 있다	별로 없다	매우 없다	무응답
19%	51%	25%	4%	1%

자료: NHK

〈표 2〉 왕실 역할에 대한 평가

매우 잘한다	잘한다	못한다	매우 못한다	무응답
48%	37%	8%	2%	5%

자료: NHK

두 번에 걸친 신격화

일본인들이 왜 덴노에 대해 무한한 신뢰를 보내는지 이해하기 위해서는

---

4) 2009년 10월 30일부터 11월 1일 동안 전국 20세 이상 남여 2,043명에게 전화 조사.

먼저 두 번에 걸친 신격화의 역사부터 살펴봐야 한다.

일본이라는 국가가 형성되기 이전인 고대에는 지방 호족(豪族)들이 큰 토지와 농민을 거느리고 서로 힘을 겨뤘다. 그러다 3세기 말부터 645년에 걸쳐 일본 최초의 통일 정권인 야마토(大和) 정권이 들어섰다. 이때 왕은 오키미(大王)로 불렸고 덴노(天皇)라는 칭호는 아직 없었다. 당시 통일 정권이라고는 하지만 여전히 지방에는 호족 세력이 컸다. 특히 소가(蘇我) 가문의 힘은 왕인 오키미를 위협할 정도로 절대적이었다.

645년 6월 오키미의 아들이 최대 지방 호족인 소가 가문을 제거하고 명실상부한 통일을 이뤘다. 그리고 대대적인 개혁을 단행했다. 특히 호족이 가진 토지와 백성을 모두 국가 소유로 해 호족의 힘을 억눌렀다. 이듬해 1월 제2의 건국이라는 각오로 연호를 다이카(大化)[5]로 정하고 수도를 옮겨 오키미 중심의 중앙집권국가를 탄생시켰다. 이를 다이카가이신(大化改新)이라고 한다.

다이카가이신 후 정부는 몇 가지 작업을 진행한다. 먼저 왕의 칭호를 오키미에서 덴노(天皇)[6]로 바꿨다. 이어 지방 세력들의 충성을 이끌어내기 위해 덴노의 신격화를 시작한다. 첫 번째 신격화가 시작되는 것이다. 이 작업은 일본 고대의 역사서 『고지키(古事記)』(712년)와 『니혼쇼키(日本書紀)』(720년)를 저술하면서 건국 신화를 덴노와 엮는 방식으로 이뤄진다. 두 역사서는 일본 건국 신화를 포함해 초대 진무(神武) 덴노에서 지토(持統) 덴노까지 기록을 담았다. 일본 고대 역사 연구의 지침이 되는 두 역사서를 합해 기기(記紀)라고 부르고, 두 역사서에 나온 신화를 기기신화라고 한다.

기기에 따르면 초대 덴노인 진무 덴노(BC 660~BC 585)는 태양신 아마테라스 여신[7]의 5대손이다. 초대 덴노는 사람이 아니라 신(神)인 것이다. 그

---

5) 일본 최초의 연호다.

6) 일본 역사에서 덴노(天皇)란 칭호는 690년 이후에 나온다.

7) 일본 덴노의 조상신인 아마테라스 여신을 모신 곳이 일본 미에(三重) 현의 이세진구(伊勢神宮)다.

후 덴노는 동일한 부계 혈통 내에서 지속적으로 이어져 내려온다. 현재 덴노인 아키히토 덴노는 125대 덴노다. 일본 역사서에 기록된 내용을 그대로 받아들인다면 덴노는 2,600여 년이나 이어져 내려오고 있는 것이다. 이를 두고 일본인들은 만세일계(萬世一系)[8]라고 말한다. 덴노의 혈통이 단 한 번도 단절된 적이 없다는 의미다.[9]

하지만 이는 지배 권력이 조상의 계보를 작위적으로 신격화한 것이다. 역사적으로 고대에는 권력 투쟁에 의한 혈육상쟁이 끊이질 않았다. 예를 들면 역대 덴노 중 2명이 자살했고, 2명이 암살당했으며, 2명이 변사했다. 폐위한 덴노도 6명이다. 16, 17, 18대 덴노는 모두 형제간의 혈육상쟁으로 덴노 자리에 올랐다. 20대 덴노는 숙부를 죽이고 숙모를 아내로 삼았다가 조카에게 살해당했다. 22대 덴노도 형제들을 죽였으나 대를 이을 자식이 없어 23, 24대 덴노는 모두 기존 혈통과는 거리가 먼 혈족에 의해 계승되었다. 만세일계의 혈통도 그 내실을 들여다보면 별로 내세울 바가 못 되는 것이다.[10]

7~8세기 덴노 신격화를 했지만 그 영향은 오래가지 못했다. 덴노가 더 이상 권력을 잡지 못했기 때문이다. 9세기경부터 외척에 의한 정치 간섭이 계속됐다. 11세기 말 72대 덴노는 외척 정치에 대항하기 위해 부시(武士) 세력을 끌어들였다. 하지만 결과적으로 부시 계급에 의한 전국 지배, 즉 부시 정권[11]을 불러오게 됐다. 부시가 정권을 잡았던 1192~1867년 동안 덴노는 형식적인 존재였다. 실질적인 권력을 잡은 쇼군(將軍)[12]이 모든 결정을 내리고 덴노는 그 결정을 추인하는 존재에 불과했다. 일반 국민들은 덴노가 있는지조

---

8) 이미 많은 일본 역사가들이 만세일계(萬世一系)는 허구라고 지적하고 있다.

9) 건국 신화는 어느 나라에나 있고 그 민족의 특별함을 강조하기 위해 신의 영역을 많이 끌어온다. 하지만 그 나라의 왕도 동급의 신이라고 하는 것은 유례가 드물다. 일본의 경우는 신화를 토대로 덴노를 신격화한 게 아니라 덴노의 신격화를 위해 신화를 지어냈다.

10) 『21세기 천황제와 일본』, 박진우 편저, 논형.

11) 일본의 부시(武士) 정부를 통상 바쿠후(幕府)라고 한다.

12) 12세기부터 19세기 중반까지 있었던 일본 무사 정부의 최고 권력자.

차 잘 몰랐다. 그들이 충성해야 할 상대는 부시 정권의 다이묘(大名: 1만 석 이상의 영지를 가진 지방 영주)지 덴노가 아니었다.

메이지유신(明治維新, 1868년)에 의해 세상이 또다시 바뀌었다. 당시 일본은 실력으로 무장한 하급 부시와 상공업의 발전으로 부유한 상인들이 주도권을 쥐기 시작했다. 그들은 부시 정권과 다른 새로운 질서를 요구했다. 특히 하급 부시들은 미국의 통상 요구에 굴복해 1854년 미일화친조약을 맺은 쇼군에게 큰 불만을 품었다. 하급 부시들이 부시 정부에 반기를 들며 내세운 명분은 존황양이(尊皇攘夷: 덴노를 숭상하고 외세를 배척). 결국 쇼군이 물러나 모든 권력을 덴노에게 반환하면서 덴노가 전면에 등장하는 새로운 세상이 펼쳐지게 된다. 이것이 바로 메이지유신이다.

1868년 메이지 정부가 들어서면서 사이고 다카모리(西鄕隆盛), 기도 다카요시(木戶孝允) 등 부시들은 자신들보다 신분이 높은 부시들을 억누르기 위해 덴노 신격화에 착수한다. 모든 국민이 덴노를 떠받들면 자신들은 덴노를 통해 간접 통치를 할 수 있다. 두 번째 신격화의 시작으로 첫 번째 신격화 작업과 비교할 수 없을 정도로 정교하게 진행된다. 이미 고대 역사서인 『고지키(古事記)』와 『니혼쇼키(日本書紀)』는 덴노를 신의 반열에 올려놨기 때문에 나름대로 역사적 정통성을 지녔다. 따라서 이때는 신과 같은 덴노를 국민들이 마음속 깊이 자각하도록 하는 데 초점이 맞춰졌다.

1868년 8월 메이지 덴노는 즉위식을 올리고 연호를 메이지로 고쳤다. 메이지 덴노가 즉위할 당시 그는 14세 소년이었다. 그 전까지 교토(京都) 궁에서 살면서 얼굴을 하얗게 화장하고 눈썹도 그렸다. 연약한 소년이었다. 이 때문에 더더욱 메이지 정부는 메이지 덴노를 살아 있는 신으로 각인시킬 필요가 있었다.

메이지 덴노의 초상화.
덴노 신격화 영향으로 근엄하고 위엄 있는 모습을 하고 있는 게 특징이다.

국민들에게도 신격화된 덴노의 존재를 알리기 위해 1882년경부터 전국 학교에 덴노의 사진을 안치하게끔 했다. 덴노의 탄신일, 축제일 등에는 교장 이하 전교 교사와 학생들이 이 사진을 향해 직각으로 허리를 굽혀 절을 해야 했다. 앞서 1880년에는 덴노에 대한 불경죄라는 법률이 공포됐다. 왕실의 존엄성을 해치는 행위는 처벌할 수 있게끔 했다. 이때부터 국민들은 덴노를 비판하는 것은 물론 입에 올리는 것조차 하지 않게 됐다.

1889년 메이지 헌법이 제정됐다. 제1조는 "대일본제국은 만세일계의 덴노가 통치한다"다. 미국 링컨 대통령이 게티스버그 연설에서 "국민의, 국민에 의한, 국민을 위한 정치"라고 말했던 때가 1863년, 프랑스 파리 시민들이 소위 민중 자치정부를 만들며 파리코뮌을 선언했을 때가 1871년이었다. 비슷한 시기 일본은 국민이 주권을 쥐는 게 아니라 덴노가 모든 권력을 휘어잡았다.

메이지 헌법이 제정된 다음해인 1890년 '교육에 관한 칙어'(일명 교육칙어, 敎育勅語)가 전국 학교에 배포됐다 메이지 처황이 국민에게 직접 휴계하는 형식으로 쓰여 있다. '부모에게 효도하고 형제 간에 사이좋게 지내며 부지런히 일하라'와 같은 도덕적인 말이 대부분이다. 하지만 '일단 위급이 닥치면 의롭고 용감히 공공에 봉사해 이로써 천양무궁한 황운을 부익케 하라'는 표현이 있다. 전쟁이 나면 덴노를 위해 분연히 싸우라는 의미로 결국 덴노에 대한 충성을 요구하는 칙어인 것이다.[13]

전국 학교에서 주요 축제일에 교장이 전교 학생을 향해 교육칙어를 정확하고 엄숙하게 읽었다. 메이지 시대 이전에는 없었던 사진이나 인쇄 기술이 도입되고 학교 교육도 보급되면서 교육칙어는 빠르게 정착돼갔다. 어린 시절부터 학교에서 덴노에 대해 배웠을 뿐 아니라 신문이나 잡지에서 덴노의 모습을 직접 보면서 덴노는 존경의 대상이자 두려움의 대상이 돼갔다.

이러한 과정을 통해 "일본은 신의 나라다. 덴노는 일본을 다스리는 살아 있는 신이다. 모든 일본인은 덴노의 백성이므로 덴노를 위해서라면 기꺼이 목숨도 바쳐야 한다"라는 사상이 국민들에게 주입됐다. 이 사상은 메이지 덴노, 다이쇼 덴노, 쇼와 덴노 등 3대에 걸쳐 80년 동안 계속됐다. 일본 국민 전체가 '덴노=신'이라는 의식을 가질 만큼 충분한 기간이다.

덴노 신격화의 그늘

메이지유신 이후 일본은 청일전쟁(1894~1895), 러일전쟁(1904~1905), 한일합방(1910년), 만주사변(1931년), 중일전쟁(1937년), 태평양전쟁(1941년) 등을 치른다. 모두 일본이 먼저 나서서 시작한 전쟁이다.

이때마다 덴노가 나서 전쟁을 지시한 것은 아니다. 덴노를 신격화시킨 메

---

13) 일본이 2차 세계대전에서 패한 뒤인 1948년 교육칙어는 사라졌다. 하지만 지속적으로 교육칙어 부활론이 솔솔 나오고 있다. 2000년에는 모리 요시로(森喜朗) 전 수상도 교육칙어 부활을 주장했다.

이지 정부 핵심 인물들, 메이지 시절 이후에는 군부가 전쟁의 원인이었다. 이들은 덴노의 권위를 이용해 국민을 사실상 지배했다. 그들의 생각을 '덴노의 명(命)'이라는 이름으로 국민들에게 전달했고, 덴노를 신으로 아는 국민들은 덴노의 명령에 무조건적으로 따를 수밖에 없었다.

덴노 신격화는 "일본은 다른 민족보다 우월하다"는 민족적인 나르시시즘을 만들어냈다. 특히 청일전쟁(1894~1895)과 러일전쟁(1904~1905)에 승리하자 '덴노의 성덕으로 이룬 승리'라는 인식이 확산되면서 민족적 나르시시즘은 급격하게 강화됐다. 일본인들은 1945년 패전할 때까지 '신이 세운 나라, 신이 지켜주는 나라, 세계에서 가장 존귀한 나라'라고 믿고 있었다.[14] 그러기에 전쟁 징집에 순순히 응했고, 지속적인 전쟁으로 가족이 죽어갔지만 누구도 반대의 목소리를 제대로 내지 못했다.

덴노를 신격화한 메이지 정부는 전쟁으로 착착 나아갔다. 메이지유신 무렵에는 영국, 프랑스 등 서구 열강들이 아시아와 아프리카에 식민지를 만드는 것을 보고 그 대열에 뛰어들기 위해 일본도 전쟁을 벌였다. 1931년 만주사변 이후에는 '아시아 대공영'을 외치며 전 아시아를 상대로 전쟁을 벌인다.[15]

일본이 한창 전쟁으로 치닫고 있을 때 군부는 덴노를 등에 업고 절대적인 힘을 보였다. 당시 육군과 해군의 통수권은 덴노에게 있었다. 덴노에게 군사적으로 보좌하는 것은 육군 참모본부, 해군 군령부, 전시에 설치됐던 일본의 최고 통수기관인 대본영(大本營)에 한정됐다. 정부는 물론 의회도 이에 전혀 관여할 수 없었다. 이런 특징 때문에 군부는 1930년대 들어 정권을 장

---

14) 『일본인과 천황』, 도쓰카 데쓰야(戶塚哲也) 글, 사토 도시오(佐藤利夫) 그림, 김원식 옮김. 길찾기.

15) 일본의 극우 지식인들은 "일본의 침략 전쟁이 서구 유럽의 근대적 아시아 침략에 대항하는 방어전의 일종"이라고 주장한다. 예를 들어 만주사변과 중일전쟁은 유럽이 강제로 분할할 위기에 놓인 중국을 보호하고자 출병한 것이라고 합리화한다.

악하고 침략 전쟁을 계속 확대할 수 있었다.

2차 세계대전 말기인 1943년이 되자 부족한 병력을 보충하기 위해 재학 중인 대학생도 앞당겨 졸업시켜 병사가 되게 했다. 이들은 학도병(學徒兵)으로 불렸다. 출병한 학도병은 20만 명이 넘는 것으로 추정된다. 그 중 많은 수가 중국이나 필리핀 등지로 보내져 전사했다. 교육칙어를 통해 '위급이 닥치면 의롭고 용감히 공공에 봉사해 이로써 천양무궁한 황운을 부익케 하라'고 배워왔으므로 전쟁에서 죽는 것은 당연하고 의로운 일로 치부됐다.

학도병 출정식에서 도죠 히데키(東條英機) 당시 수상은 "(덴노를 위해 싸우는 것은) 유구한 대의에 사는 유일한 길"이라고 훈시했다. 학생들을 사지(死地)로 보내는 명분이 곧 덴노였다.

1944년 3월이 되면 노동력 부족을 메우기 위해 정부는 중학교 이상 학생을 군령 생산, 식량 증산, 방공 방위에 동원했다. 그 수는 1945년 7월에 340만 명에 이르렀다고 한다. 그 중 많은 학생들이 미군의 공습으로 목숨을 잃었다.

일본군은 전세가 불리해지자 전투기에 폭탄을 싣고 적함에 충돌하여 자살 공격을 한 가미카제(神風) 공격을 했다. 도저히 예상할 수 없는 기괴한 공격이었다. 하지만 자살 공격을 명령받은 일본 군인은 "덴노의 명을 받아 기쁘게 죽는다"고 할 정도로 덴노에 대해 맹목적으로 충성했다.

상징 덴노 시대

1945년 8월 일본 히로시마(広島)와 나가사키(長崎)에 원자폭탄이 투하됐다. 두 도시는 순식간에 잿더미가 됐고 20여만 명이 죽었다. 며칠 지난 8월 15일 일본은 연합국에 대해 무조건 항복을 했다. 1931년 9월 중국을 선전포고 없이 공격하면서 터진 만주사변 이후 15년간의 전쟁이 막을 내린 것이다.

그 후 일본은 역사상 처음으로 외국 군대에 점령당해 외국인 통치를 받았다. 1945년 10월 연합군총사령부(GHQ)가 설치됐고 미국의 더글러스 맥아더 원수가 연합군총사령부의 최고사령관으로 임명됐다. 1946년 1월 1일 덴노의 '인간 선언'이 있었다. 80년 동안 신으로 교육받은 덴노가 하루아침에 인간이 된 것이다. 일본인들의 충격은 컸다.

전쟁 범죄자에 대한 재판이 시작됐지만 덴노는 재판에 회부되지 않았다. 미국 정부는 덴노를 전범으로 재판하라는 명령을 내렸고, 호주 등 국가에서도 강력하게 덴노의 처벌을 요구했지만 맥아더 사령관이 반대했다. 그는 덴노를 처형하면 일본인들의 격심한 저항에 부딪힐 수 있기 때문에 오히려 덴노를 이용하는 게 일본을 개혁하기가 쉽다고 주장했다.

대신 안전 장치를 마련했다. 덴노를 그대로 놔둬서는 일본이 또다시 군국주의로 흐를 수 있다는 생각에 맥아더 사령관은 덴노의 권한을 엄격하게 제한해 덴노를 그저 형식적인 존재로 만들었다. 그 결과가 '상징 덴노'다. 연합군의 지배 아래에서 새롭게 만들어진 헌법 제1조는 "덴노는 일본국의 상징이자 일본 국민 통합의 상징이며 그의 지위는 주권을 가진 일본 국민의 총의에 기초한다"라고 했다.

상징 덴노 제도는 겉보기에 유용해 보였다. 전쟁 당시 신으로 군림하며 백마를 타고 군대를 호위하던 근엄한 모습의 히로히토(裕仁) 덴노는 1946년 2월부터 수년 동안 전국 순행을 하며 인자한 모습으로 국민에게 다가갔다. 군복을 벗어버리고 중절모와 신사복을 입은 모습이었다. 언론은 덴노가 모심기하는 농민을 격려하거나 시내를 도보로 시찰하는 인간적인 모습을 보도했다.

히로히토 덴노의 장남 아키히토(明仁) 덴노가 1989년에 즉위하면서 권위적인 덴노의 모습은 더욱 사라졌다. 그는 전쟁 책임 문제에 있어 비교적 자유롭다. 어두운 역사와 단절하고 '닫힌 왕실'의 문턱을 낮추기 위해 '열린 왕실'을 지향했다. 예를 들어 덴노와 왕비가 지진 피해지를 직접 방문해 맨손으로 악수하며 피해 주민들을 위로하는 모습은 이전에는 상상도 할 수 없는 획기적인 일이었다. 일본 왕실 사상 최초로 평민 출신 미치코(美智子)를 왕비로 맞아 국내외의 지대한 관심 속에 '세기의 결혼식'도 올렸다. 왕비의 결혼 전 이름은 쇼다 미치코(正田美智子)로 아버지 쇼다 히데사부로(正田英三朗)는 닛신(日淸)제분의 회장이었다. 1957년 8월 휴양지인 가루이자와(軽井澤)에서 열린 테니스 토너먼트 대회에서 당시 황태자였던 아키히토를 만났다. 이른바 테니스 코트의 만남으로 잘 알려져 있다.

여전한 신(神)적 존재 덴노

하지만 상징 덴노 제도는 전쟁 책임을 포함한 덴노가 가지는 문제점을 애매하게 희석시켜버린 데 불과하다. 히로히토 덴노의 전쟁책임 회피와 덴노의 존속은 일본 국민들 사이에서 전쟁 가해자로서의 책임 의식을 잊어버리게 만들었다. 덴노를 위해 전쟁에 나섰는데 그런 덴노가 여전히 살아 있으니 '전쟁은 잘못'이라는 인식이 약해지는 것이다. 반면 동일본 대지진 사례에서 보듯 국민 통합의 구심점으로써 덴노의 역할은 꾸준히 이어져 내려왔다. 일본인들은 패전을 '종전'이라고 하면서 좀처럼 과거의 침략 행위를 반성하려 하지 않는 것은 덴노가 사라지지 않고 꾸준히 이어져온 사정과도 무관하지 않다.[16]

일본의 패전 이후 상징 덴노로 바뀌었지만 덴노를 교묘하게 이용하는 정치 술수는 계속됐다. 예를 들어 1950년대 후반 미일안보조약에 대해 대학생들의 반대 투쟁이 심했을 때 정부는 황태자의 결혼을 추진해 국민들의 관심을 다른 곳으로 돌렸다. 다나카 가쿠에(田中角栄) 전 수상은 1976년 록히드

---

16)『21세기 천황제와 일본』, 박진우 편저, 논형.

사건[17]이 일어났을 때 히로히토 텐노 재위 50주년 기념 식전을 대대적으로 거행해 국민 여론을 록히드 사건에서 돌리고자 했다.

텐노에 대한 일반 국민들의 존경심도 여전하다. 매해 정월에 도쿄의 고쿄(皇居)에서 텐노가 모습을 드러내면 눈물을 흘리며 감격하는 사람이 있고, 텐노 주최 엔유카이(園遊会)[18]에 초대되는 것을 생애 최고의 영광으로 여기는 인사들이 많다. 동일본 대지진 후에도 텐노의 방문이 없었던 피해지에서는 텐노가 찾아와주길 간절히 고대한 사람들이 많았다. 이런 경향들은 특히 50대 이상 연령층에서 두드러진다. 텐노가 상징적인 존재가 되었지만 국민의 태도는 살아있는 신일 때와 큰 차이가 없는 것이다.

나아가 과거의 '강력한 텐노'를 그리워하며 그때로 되돌아가자고 말하는 인사들도 있다. 전후에 태어난 일본 지식인들 중에도 텐노를 정점으로 한 위계질서, 강한 일본을 주장하는 사람들이 적지 않다. 이런 목소리는 동일본 대지진 이후 더욱 강해지고 있는 느낌이다.

오사카부(大阪府) 의회는 2011년 6월 초 일본 자치단체로는 처음으로 공립학교 교직원의 기미가요(君が代) 제창시 기립을 의무화하는 조례를 통과시켰다. 기미가요는 일본 국가(國歌)다. "그대(君·기미)의 세상이 1,000대로, 8,000대로 작은 조약돌이 큰 바위 돼서 이끼가 낄 때까지"라는 내용으로 가사가 짧다. '그대(君: 기미)'를 텐노로 해석해 기미가요는 텐노를 칭송하고 그의 치세가 영원히 이어지기를 기원하는 의미를 가지고 있다. 오사카부 의회의 결정으로 다른 지자체의 조례 제정도 잇따를 가능성이 높다.

같은 해 5월 기미가요 제창 의무화 관련 소송에서 최고재판소는 "기미가

---

17) 다나카 가쿠에이(田中角榮) 전 일본 수상이 1973년 8월부터 1974년 3월까지 약 7개월간 미국의 록히드사로부터 총 5억 엔의 뇌물을 받았다는 혐의의 사건이었다. 결국 다나카 전 수상은 1976년 7월 27일 록히드 사건으로 구속됐다.

18) 텐노는 1965년부터 사회 각층의 유명 인사와 문화들을 고쿄(皇居)에 초대해 봄, 가을 두 차례 정기적으로 문화행사를 열었다. 이를 엔유카이(園遊会)라고 한다.

요 기립 제창 의무화는 합헌이다"는 판결을 내렸다. 학교에서 기미가요를 부를 때 기립 제창을 강제할 수 있다는 말이다. 1심과 2심에서 합헌 결정을 내리긴 했지만 최고재판소에서까지 합헌 결정을 내린 것은 처음이다. 그 이후 기미가요 기립 제창을 반대하는 교직원에 대한 처분이 강화되고 있다.

실제로 경험한 사례 한 가지. 2011년 8월 10일 오후 7시 홋카이도(北海道) 삿포로(札幌)에 있는 오도리(大通り)공원에 '일본군 위안부 문제의 해결을 위한 홋카이도 모임' 회원 40여 명이 모였다. 한국에서 열리는 위안부 할머니들의 수요집회에 맞춰 삿포로에서도 함께 관련 행사를 연 것이다.

공원 길가에는 위안부 문제점을 지적하는 입간판을 만들었다. 회원들은 전단지를 만들어 지나가던 사람들에게 나눠주기도 했다. 회원들은 한 사람씩 마이크를 들고 위안부 문제에 대한 소신을 밝혔다. 70대로 보이는 한 일본 남성은 "자신이 위안부였음을 공개한 필리핀 여성들과 인터뷰를 한 적이 있다. 일본군은 필리핀에서 남자와 나이 든 여자들을 모두 죽였다. 젊고 어린 여성들은 데리고 다니면서 성 노예로 삼았다. 일본은 반성해야 한다. 일본은 군대를 없애고, 과거를 반성해야 한다"고 말했다. 다른 60대 남성은 "성 노예였던 위안부도 문제지만 강제 징용 당해 일본에 넘어와 노예처럼 일했던 조선의 노동자도 문제다. 일본 정부는 진상 규명을 철저히 해 이들에게 대한 배상을 해야 한다"고 주장했다.

주한 일본대사관 앞이 아니라 일본 삿포로에서 이러한 주장을 들으니 감개무량했다. 무엇보다 가해자 국가의 국민이 솔직히 자기반성을 하는 모습이 인상적이었다. 하지만 그 느낌은 곧 절망감으로 바뀌었다.

'일본군 위안부 문제의 해결을 위한 홋카이도 모임'이 집회하고 있는 장소에서 작은 인도 하나를 사이에 두고 일본인 20여 명이 모여 반대 시위를 했다. 이들은 음량을 최대한 높여 홋카이도 모임 회원들의 발언에 사사건건 야유를 보냈다. 그들의 주된 주장은 "지금 일본이 대지진 복구로 정신이 없는

데 너희들은 도대체 무슨 생각으로 위안부 집회를 여느냐. 지금이 그렇게 한 가한 때냐'라는 것이었다.

지나가는 행인들은 양측 주장 모두에 대해 무관심했다. 양쪽에서 마이크로 떠들어댔기 때문에 어느 한 측의 주장에 제대로 귀를 기울일 수도 없었다. 게다가 양측은 서로 먹살을 잡기도 하며 몸싸움까지 벌였다.

오후 7시부터 시작된 집회는 8시경에 끝났다. 위안부 문제 해결 모임은 집회를 끝내며 한국어로 된 아리랑 노래를 불렀다. 그러자 반대 시위자들은 기미가요를 불렀다. 노래가 끝난 후 반대 시위자들은 "덴노헤카 반자이(천황폐하 만세)"를 수차례 외쳤다. 한국 사람들이 뭔가를 성취했을 때 "대한민국 만세"를 외치듯 그들은 "덴노헤카 반자이"를 부르짖었다.

침략의 역사에 눈을 감으려 하는 일본인들은 아직도 많다. 그들의 마음속에는 여전히 덴노가 최고의 정점에 자리하고 있다. 더구나 동일본 대지진이 좋은 명분을 제공했다. "전대미문의 대재앙 속에 일본은 덴노를 구심점으로 다시 뭉쳐야 한다"라는 말을 맘 편하게 꺼내는 것이다. 홋카이도의 위안부 문제 해결에 반대하는 단체처럼.

덴노 관련 상식

2012년 현재 일본 왕실에서 왕과 왕족은 22명이다. 이들 가운데 남성은 7명인데 그 중 5명은 60세를 넘겼다. 미혼 왕족 여성으로는 나루히토(德仁) 왕세자의 외동딸 아이코(愛子) 공주와 아키시노노미야(秋篠宮) 왕자의 두 딸인 마코(眞子), 가코(佳子) 공주 등을 포함해 총 8명이다.

왕실의 헌법격인 왕실전범 제1조는 "왕위는 왕통에 속하는 남자가 이를 계승한다"고 되어 있다. 여성 즉위는 규정돼 있지 않다. 왕위 계승 순위는 직계, 장자 우선으로 되어 있다. 이에 따라 왕위 계승 순위는 현 아키히토(明仁) 덴노의 장남인 나루히토 왕세자, 차남 아키시노노미야 왕자, 그리고 아키시노노미야 왕자의 아들인 히사히토(悠仁) 왕손으로 이어진다.

일반 여성이 남자 왕족과 결혼하면 그 여성은 왕족이 될 수 있다. 미치코(美智子)

왈비 마사쿠(雅子) 왈세자비은 무두 퍼미이어지마 걸호 흐 왈즈이 뫠나 바너 일반 남성은 여성 왕족과 결혼하더라도 왕족으로 바뀔 수 없다. 이 경우 여성 왕족이 왕족 신분에서 제외된다.

덴노는 성이 없다. 절대적인 지위에 있기 때문에 따로 성을 둬 남과 구분해야 할 필요성이 없기 때문이다. 호적이 없고 선거권도 실정법상 인정되지 않는다. 덴노와 그 일가가 쓰는 비용은 모두 국가가 부담한다.

7장

새로운 에너지 실험

2011년 여름 일본은 유난히 더웠다. 예년보다 더위가 일찍 찾아왔을 뿐 아니라 열기도 무척이나 강했다. 도쿄의 경우 35℃를 넘는 경우가 종종 있었다. 당시 서울은 31~32℃ 정도였다. 열사병으로 숨진 사람 소식이 언론에 거의 매일 나왔다.

어찌 보면 일본의 불운(不運)이다. 후쿠시마(福島) 원자력 발전소 문제로 전력 공급이 원활하지 않을 때 예년보다 강한 더위와 맞닥뜨렸으니 말이다. 2011년 6월 말 기준으로 일본 전역의 54개 원자력 발전소 중 37개가 멈췄다. 후쿠시마 원전 사태 이후 각 지방정부는 정기 점검에 들어간 원전의 재가동을 허가하지 않았다.

일본 내 원자력 발전은 전체 전력 공급량의 29%를 차지하고 있다. 그런데 전체 원전 중 3분의 2 정도가 발전을 중단했다. 당연히 전력이 모자랄 수밖에 없다. 일본 정부는 대형 사업소에 대해 15% 절전 규제 조치를 단행했고, 계획정전(전력회사가 정전을 예고한 뒤 행하는 정전)도 실시했다. 일본 기업들은 형광등을 하나 건너 하나 끄고, 전력 사용량이 적은 주말에 근무하는 방식으로 대응책을 마련했다.

갑작스런 절전이 쉽지 않았을 테고 날씨도 무더웠기에 전력 공급이 수요를 따라가지 못할 것이라 생각했다. 그 경우 정전이 일어난다. 그런데 신기하게도 일본에는 정전 사태가 없었다. 개인과 기업이 철저하게 절전 운동에 동참했기 때문이다. 정부는 수도권과 원전 사고가 일어난 동북 지역에 대해,

그것도 기업과 상업용 빌딩에 한정해 15% 절전하도록 의무화했다. 그런데 가정집까지 대거 동참해 절전율이 21%나 됐다. 게다가 절전 운동이 전국으로 번져 전력이 넉넉한 지역도 10% 이상 줄였다.

앞으로 수년 동안 일본은 절전으로 인한 더위 혹은 추위와 싸워야 한다. 일본 정부가 원전을 모두 폐기하는 방향으로 가닥을 잡았기 때문이다. 대체 에너지가 원전의 공백을 충분히 뒷받침하기에는 시간이 걸릴 것이다. 하지만 일본인들은 그다지 불평하지 않는다. 원전 공포를 몸소 느끼고 난 후 원전 반대론자가 훨씬 많아지고 있기 때문이다.

원자력 걱정
2012년 1월 31일 센다이(仙台) 시내 한 서점의 모습. 신간 및 화제의 책 코너에 5개 섹션이 있는데 2개 섹션은 동일본 대지진 관련 책들로 채워져 있다. 원자력 관련 서적은 약속이나 한 듯 '위험하다'는 내용 일색이었다.

에너지 정책 180도 방향 전환

일본은 원전 중심 국가다. 애초 계획은 2011년 현재 약 30%인 원전 발전 비율을 2030년에는 50%로 끌어올릴 계획이었다. 2010년 6월에 개정한 에너지 기본 계획에 따르면 이산화탄소 배출량이 적은 원자력과 신재생 에너지를 합한 전력의 비중을 2010년의 34%에서 2020년 50% 이상, 2030년 70%(원자력의 비중은 50% 정도를 상정)로 하기로 했다. 이를 위해 원자력 발전소를 14개 이상 더 짓겠다고 밝혔다.

〈표 1〉 2009년 일본의 발전 전력량 비율

원자력	29%
화력(천연가스)	29%
화력(석탄)	25%
수력	7.3%
화력(석유)	7%
재생에너지	2.7%(소수력 1.4%, 바이오매스 0.4%, 풍력 0.4%, 지열 0.3%, 태양광 0.2%)
합 계	100%

자료: 일본 환경에너지정책연구원

이처럼 원전 중심으로 에너지 정책을 짜기에는 몇 번의 계기가 있었다.

첫 번째는 1970년대 두 차례에 걸친 '오일 쇼크'다. 일본 경제가 한창 성장 가도를 달리고 있는 시점에서 1973년 1차 오일 쇼크가 일어난 것이다. 석유 만능주의가 일거에 무너지면서 석유 의존도를 낮추는 정책을 펴게 됐다. 이때부터 원전 찬성론자들이 힘을 얻기 시작한다.[1]

두 번째는 1990년대 전후로 세계적으로 문제 제기된 지구온난화다. 지구온난화를 막기 위해선 이산화탄소를 줄여야 했고, 이를 위해서는 화석 에너지 사용을 감소시켜야 했다. 핵분열을 통해 에너지를 얻는 원자력 발전은 이

---

1) 『원자력 신화로부터의 해방』, 다카기 진자부로(高木仁三郎) 지음, 김원식 옮김, 녹색평론사.

산화탄소가 거의 생기지 않는 청정에너지다.[2]

하지만 후쿠시마 원전 사고를 계기로 일본의 에너지 정책 방향은 180도 바뀌었다. 원자력 발전 대신 재생 에너지 중심으로 가기로 했다.

간 나오토(菅直人) 전 총리는 2011년 5월 기자회견을 통해 "후쿠시마 제1 원전 사고로 인해 기존 (에너지) 계획을 재검토할 필요가 있다. 기존의 원전과 화석연료에 이어 재생 에너지와 에너지 절약이 일본 에너지 정책의 새로운 근간이 될 것"이라고 말했다.

같은 달에 열린 선진 8개국(G8)[3] 정상회의에서 간 전 총리는 신재생 에너지의 비중을 2020년까지 20%로 끌어올려 기초 에너지로 격상시키도록 하는 '선라이즈 프로젝트(Sunrise Project)'를 발표했다. 태양광 발전의 발전 코스트를 2020년까지 2011년 대비 3분의 1로 줄이고, 2030년에는 6분의 1로 줄이고 설치 가능한 모든 옥상에 태양전지 패널을 설치하겠다고 주장했다. 일본의 태양광 발전의 코스트는 2011년 현재 1KWh당 40엔 정도다. 2020년에는 이를 석유 등의 화력 발전소 수준인 14엔/1KWh로 낮추고, 2030년에는 7엔/1KWh 정도로 줄이겠다는 의지를 천명한 것이다.

이와 함께 기존 원전을 폐기하는 작업에도 들어갔다. 2012년 1월 일본 정부는 원자력 발전소의 운전 기간을 원칙적으로 40년으로 법제화하기로 했다. 일본은 지금까지 가동 30년이 넘은 원전을 대상으로 시설의 안전성을 평가해 10년마다 재운전을 허용해왔지만 가동 기간의 명확한 기준은 없었다. 가동 기간을 40년으로 할 경우 2050년이면 일본 내 모든 원전이 사라진다.

일본이 보유한 54기의 원전 중 방사성 물질 유출 사고가 난 후쿠시마 제

---

2) 원자력 발전은 이산화탄소를 내뿜지는 않지만 방사성 폐기물을 배출한다. 이 때문에 에너지 선택의 기준을 지구온난화가 아니라 배출물의 위험도로 한다면 원전은 훨씬 비효율적인 에너지가 되어버린다.

3) 선진 7개국(G7: 미국 독일 일본 영국 프랑스 이탈리아 캐나다)에 러시아를 더한 것이다.

1원전 1호기를 포함해 후쿠이(福井) 현 미하마(美浜) 원전 1호기, 쓰루가(敦賀) 원전 1호기 등은 이미 가동한 지 40년이 넘었다.

〈표 2〉 일본 원자력 발전소의 건설 시기

1970년대	18기
1980년대	16기
1990년대	15기
2000년대	5기
건설 중 혹은 계획	14기

자료: 일본 전기사업연합회

2012년 1월 현재 전체 원전의 90%에 가까운 48기가 가동을 멈추고 점검 받고 있다. 가동 중인 원전 6기도 정기 점검을 위해 곧 운전이 중단된다. 이들 원전은 점검을 거쳐 1년 후 가동을 재개하게 되어 있지만 안전성 확보를 위한 추가 점검이 의무화됐고 주민들과 지방자치단체의 반발도 커 재가동이 제대로 이뤄질지는 미지수다.

손정의(일본명 손 마사요시) 소프트뱅크 사장은 후쿠시마 원자력발전소 사고 이후 일본 에너지 정책의 대전환을 주장했다. 그는 원전 사고 이전부터 자연 에너지와 관련한 논문을 발표했을 정도로 신재생 에너지에 대한 열정이 높다. 동일본 대지진 직후인 4월 집권 여당인 민주당의 '동일본 대지진 부흥 비전 모임'에 참석해 "일본의 에너지 정책을 원전에서 자연 에너지로 전환해야 한다"고 주장하기도 했다. 그는 개인 재산 10억 엔을 들여 2011년 8월 '자연에너지재단'을 출범시켰다.

하지만 일본이 모든 원전을 한꺼번에 폐기하는 것은 아니다. 안전 기준을 강화하면서 원전을 어느 정도 유지하면서 순차적으로 폐기할 방침이다. 일본은 후쿠시마 원전 문제로 전면 중단된 인도와의 원전 수출 협상을 2011년

10월 재개했다. 특히 일본은 "후쿠시마 원전 사태로 인해 세계에서는 유일하게 원전 사태에 대응할 수 있는 기술력과 경험을 축적할 수 있었다. 지반이 불안하거나 원전 기술에 대해 불안감을 갖고 있다면 일본의 원전 기술 수입을 통해 불신을 해소할 수 있다"며 후쿠시마 원전 사태를 역으로 이용하고 있다.

일본의 원전 사고는 다른 국가들의 원전 정책도 되돌아보게 했다. 2011년 5월 말에 개최된 주요 8개국(G8)⁴⁾ 정상회의에서 독일, 이탈리아는 탈(脫)원전 방향을 분명히 했고 미국과 프랑스는 원전에 우호적이었다. 국가별로 원전 발전에 대한 찬반이 엇갈리지만 후쿠시마 원전 사고 이후 원전 폐기에 힘이 실리는 모습이다.

원전 폐기를 주장하는 국가 중 독일의 행보가 돋보인다. 독일은 2022년까지 이미 설치 운전 중이던 원전 17기 모두를 폐기하기 했다. 독일 연방 에너지 및 수자원관리협회(BDEW)에 따르면 2011년 재생 에너지의 발전량이 20%에 이르러 원자력 발전소의 발전량을 처음으로 웃돌 것으로 전망되고 있다. 일본의 후쿠시마 원전 사고 이후 독일에서 8기의 원전 가동을 중단한데다 재생 에너지 보급의 노력이 가해졌기 때문이다.

BDEW가 추정한 에너지원으로 1위가 석탄(43.3%)이었다. 이어 풍력 등 재생 가능 에너지(19.9%), 원전(17.7%) 순이었다. 재생 가능 에너지 중에서는 풍력(7.6%), 바이오매스(5.2%) 등이 주요 에너지원이었다.

독일은 지난 2002년 좌파 성향의 슈뢰더 연립 정권이 원전폐쇄법을 제정한 바 있다. 이에 반해 2009년 탄생한 중도 우파 성향의 앙겔라 메르켈 정권은 모든 원전을 폐쇄한다는 기존 정책을 연기했으나 후쿠시마 원전 사고 이후 메르켈 총리는 다시 원전 폐쇄 정책으로 돌아섰다. 독일은 오는 2020년까지 재생 가능 에너지의 비율을 35%까지 늘릴 계획이다.

---

4) 선진 8개국(G8)은 미국, 독일, 일본, 영국, 프랑스, 이탈리아, 캐나다, 러시아를 의미한다.

채산성, 정부가 책임진다

후쿠시마 원전 사고 이후 재생 에너지로 향한 일본의 발걸음도 빨라지고 있다. 일본 국회는 2011년 8월 재생 에너지의 고정가격 매입 제도를 골자로 한 재생에너지법을 통과시켰다. 태양광, 풍력, 지열 등 재생 에너지에서 생산된 전기를 전력회사가 정부의 고시 기준 가격으로 사주는 것을 의무화한 것이다. 실제 적용은 2012년 7월부터다.

이 법은 재생 에너지 확대에 큰 역할을 할 것으로 기대된다. 일본 언론들은 '발전산업 신시대 개막'이라고까지 의미를 부여했다. 현재 재생 에너지 생산 단가는 화력 등에 비해 높다. 채산성이 없기 때문에 발전 사업자들이 재생 에너지 사업에 선뜻 나서지를 못하고 있다. 하지만 전력회사가 시장 가격보다 높은 고정가격으로 전력을 사준다면 이야기는 달라진다. 발전 사업자는 매출액(판매 예상 수량×고정가격)과 발전 비용(원재료비, 설비비, 공장 비용, 운영 비용 등)을 미리 계산할 수 있다. 이익이 날지 안 날지 미리 파악할 수 있기 때문에 사업성 있는 재생 에너지 분야에 더 많은 사업자가 뛰어들 것이 확실시된다.

전력회사가 재생 에너지를 고정가격에 사들이다 보면 손실이 날 수 있다. 그 경우 전기요금 인상을 통해 보전한다. 이 때문에 제도 도입 10년 뒤에는 가정당 평균 150~200엔 가량 전기요금이 오를 수 있다. 전력 소비가 많은 일부 기업들이 제도 도입에 반발하고 있는 것도 이런 배경에서다.

이 때문에 법안은 최소 3년마다 재생 에너지 도입량과 할증료 부담이 끼치는 영향, 특히 전력 소비가 많은 산업에 미치는 영향을 살펴보고 제도를 재검토한다. 기본적으로는 2020년에 폐지할 예정이다.

일본 정부는 재생에너지법에 강경하다. 이 법안이 통과될 당시 총리였던 간 나오토 전 총리는 재생에너지법의 통과를 자신의 퇴진 조건으로 내걸며 배수진을 치기도 했다. 후쿠시마 원전 사고 이후 재생 에너지 도입에 대한 찬성 여론이 높아지고 있는 점도 간 총리의 목소리에 힘을 실어줬다.

한편 한국은 일본과 반대 방향으로 가고 있다. 한국은 2001년 10월 고정 가격으로 재생 에너지를 매입하는 제도를 실시했다가 전력산업기반기금이 모자란다며 2008년부터 지원액을 줄였고, 급기야 2011년을 끝으로 고정가격 매입 제도를 없앴다. 대신 2012년부터 발전 사업자가 총 전력 생산량 중 일정 비율을 신재생 에너지로 생산하도록 의무화했다.

주목 받는 재생 에너지

2011년 7월 도쿄(東京) 지요다(千代田) 구에 있는 소수력 발전 회사 시벨을 방문한 적이 있다. 출입문을 열자 바이어와 상담하는 모습과 부지런히 전화 받는 모습이 눈에 들어왔다. 한눈에 봐도 '바쁘구나'는 느낌이 들었다. 이 회사 운노 유지(海野裕二) 대표는 "올해 3월 대지진 이후 문의 전화를 20배 이상 더 많이 받는다"고 말했다.

소수력(小水力) 발전은 이름 그대로 소규모 물을 이용해 발전하는 것이다. 일본에서는 수력을 통해 10만KW 이상 발전하면 대수력, 3~5만KW 이하 발전을 중소수력, 1만KW 이하를 소수력이라고 부른다. 시벨은 낙차(落差)가 거의 없어도 소수력 발전을 할 수 있는 기술을 보유한 회사다.

소수력은 작은 개울가에서도 발전시킬 수 있다. 에너지 변환 효율이 높고 (70~90%), 연간 5,000~7,000시간 가동시킬 수 있어 설비 가동률이 높으며 발전량을 예측하고 제어하기 쉽다는 장점이 있다.

동일본 대지진 때 가솔린 공급 중단으로 어려움을 겪은 일본의 여러 지자체들이 재생 가능한 에너지에 관심을 돌리면서 시벨에 대한 문의 전화도 급격히 늘었다. 간 나오토 전 총리가 "원자력 발전에 의존하지 않는 사회를 만들어야 한다"고 공개적으로 밝히면서 수력, 풍력, 태양력 발전은 더욱 주목받고 있다.

일본의 태양광 발전 등 재생 에너지 도입량은 중국, 미국, 유럽과 비교하면 상대적으로 저조한 편이다. 2009년 기준 전체 발전량 중 재생 에너지(수력 제외)가 차지하는 비중은 2.7%다. 소수력이 1.4%로 그나마 앞서고 있고 이어 바이오매스(0.4%), 풍력(0.4%), 지열(0.3%), 태양광(0.2%) 등 순이다. 하지만 2011년 지진과 쓰나미 피해를 입은 동북 지역에선 태양전지가 비상 전력 기능을 톡톡히 했다. 화산 활동이 활발해 지열 발전의 잠재력이 크고, 풍력, 소수력, 바이오매스 등은 발전 단가가 빠르게 하락하고 있다. 정부 정책도 재생 에너지 중심으로 재편되고 있다. 향후 일본이 재생 에너지 강대국이 될 기반은 닦여 있는 셈이다.

재생 에너지 분야 중 특히 풍력 발전은 조만간 급성장할 것으로 예상된다. 일본 정부는 동일본 대지진 때 원전 사고가 일어났던 후쿠시마에 해상 풍력 기지를 세우기로 했다. 이를 통해 원전 사고의 이미지를 지닌 후쿠시마를 '자연 에너지의 메카'로 변신시킬 계획이다.

일본 정부는 후쿠시마 해변에서 30~40km 떨어진 지역에 수심 100~200m 되는 곳을 골라 2015년까지 6개 정도 해상 풍력 발전기를 건설할 계획이다. 2020년에 30만KW 전력(60~120기의 대형 풍차가 생산하는 전력 규모)을 생산하는 게 목표다.

이 계획에서 눈여겨볼 점은 해상에 설치되는 풍차가 착상식(着床式)이 아니라 부체식(浮体式)이라는 것이다. 현재 해상 풍력 발전의 주류는 해저에 풍차를 고정시키는 착상식이다. 부체식은 물 위에 떠다니는 풍차로 착상식에서 기술적으로 한발 더 나아야 한다. 부체식 풍차는 2009년 노르웨이에서 건설한 1기가 유일한 것으로 알려져 있다. 후쿠시마 앞바다에 수십 개의 부체식 해상 풍력 발전기를 건설하는 것은 세계 최초의 실험인 것이다.

무리한 실험을 강행하는 것은 착상식 풍차에서 뒤진 일본이 부체식으로 새 판을 짜기 위해서다. 일본에서는 미쓰비시(三菱)중공업 등이 풍차를 만들고 있지만 세계 시장 점유율이 2%(2010년 기준)에 그친다. 일본이 새로운 표준을 만들면서 세계 풍차업계를 이끌기 위해서는 차세대 풍차인 부체식에 승부를 걸 수밖에 없다.

일본 정부는 또 전 동북 지역에 육상 풍력과 착상식 해상 풍력도 대거 도입할 예정이다. 부체식을 포함해 매년 1기가와트(GW) 분의 풍차건설을 적어도 10년간 지속할 방침이다. 1GW는 육상 풍차 약 400기에 해당한다.

지열 발전은 화산 주변의 지하 1~3km에 있는 '지열층'을 찾아 구멍을 내고 증기를 뽑아내 발전시키는 시스템이다. 1일 24시간 발전할 수 있는 장점을 지녔다. 동일본 대지진 때 일부 지열 발전소가 긴급 정지되긴 했지만 곧바로 발전을 재개했다.

일본에서 가동 중인 지열 발전소는 전국 17개. 연간 발전량은 약 30억 kWh로 총 발전량의 0.3%를 차지한다. 계산해보면 전 일본인이 1년 중 하루 정도를 쓸 수 있는 발전량이다. 일본에서 지열 발전량이 크지 않은 것은 지열 자원이 얼마 없어서가 아니다. 일본의 지열 발전 자원량은 2347만kW 정도로 추산되는데 미국, 인도네시아에 이어 세계 3위의 지열 자원 보유국이다. 하지만 제대로 활용하지 못하고 있다.

가장 큰 이유는 발전 코스트 문제다. 지열 발전 코스트는 1kWh당 13~16엔 정도다. 반면 원자력은 5.9엔, 석탄화력은 6.5엔 정도로 알려져 있다. 특별한 인센티브가 없는 한 지열 발전에 참가하려는 기업이 나타나기 힘들다. 지열 발전 가능 장소가 대부분 국립공원에 있다는 점도 문제다. 지열 발전 자원량 2347만kW 중 81.9%가 국립공원 특별지역 안에 있어 이용할 수 없다.

일본의 태양광 발전은 재생 에너지 중 발전량이 가장 적지만 꾸준히 성장하고 있는 분야다. 일본 정부는 2009년 1월에 태양광 발전 보조금을 재개하고 2009년 11월에는 가정에서 발전한 잉여 전력을 높은 가격으로 매입하는 제도를 도입한 바 있다. 그때부터 태양광 발전이 부쩍 주목을 끌었다.

2010년 도입 건수는 2008년 대비 약 3배 늘었다. 일본 태양광발전협회에 따르면 2011년에는 태양광 발전 연간 설치 규모가 처음으로 1GW를 초과할 전망이다.

〈그림 1〉 주택용 태양광 발전 도입 건수 추이

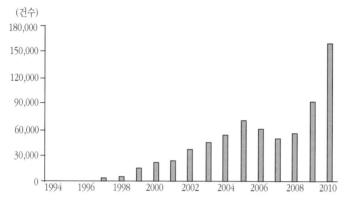

자료: 일본 태양광발전협회, LG경제연구원

2011년 4월부터는 태양광 발전 잉여 전력 매입 가격이 주택용(10kw 미만)이 42엔/kwh로 2010년의 48엔/kwh에서 다소 낮아졌지만 대형 비주택용의 경우 40엔/kwh으로 2010년 24엔/kwh에서 크게 인상됐다. 보조금도 있다. 정부는 설치 보조금으로 4만8,000엔/1kw를 지원하고, 각 지방자치단체도 평균적으로 보조금 4만 엔/1kw를 지급하고 있다. 이러한 지원책에 힘입어 태양광 발전 도입 건수는 가파르게 늘어나고 있다.

일본의 환경에너지정책연구소는 에너지 절약에 의한 전력 수요의 삭감과 신에너지 정책 등을 총동원한다면 2020년에는 전력 생산 중에서 재생 에너지가 차지하는 비중을 30%로 확대하고 2050년에는 100%로 할 수 있을 것이라고 발표했다. 예를 들어 2020년에는 수력 13%, 풍력 5%, 태양광 7%, 지열 2%, 바이오매스 3% 등을 통해 전체 전력 중 30%를 재생 에너지로 채욱 수 있다고 내다봤다. 또 원전을 새로 짓지 않고 낡은 원전부터 폐쇄하면 2050년에는 완전 철폐가 가능하다고 분석했다. 일본 정부의 계획과 일맥상통한다.

기업들도 적극 동참

2011년 10월 일본 가전 대기업인 파나소닉의 오쓰보 후미오(大坪文雄) 사장이 기자회견을 열었다. "TV 등의 가전 분야를 축소하는 대신 환경, 에너지 분야 쪽으로 사업 재편을 해나가겠다."

파나소닉의 2011 회계연도(2011년 4월~2012년 3월) 적자는 4200억 엔에 이를 전망이다. 파나소닉이 생산하는 일반 가전제품은 한국 대만과 같은 맹렬한 추격자가 있고, 엔화 초강세 상황이 이어지면서 경쟁력을 발휘할 수가 없었다. 이런 상황에서 오쓰보 사장은 새로운 돌파구로 환경 및 에너지를 선택했다. 그는 "앞으로 태양광 패널 및 축전지 개발과 이들을 기반으로 에너지 소모가 적은 가정과 마을을 만드는 사업에 주력할 것"이라고 말했다.

에너지 분야로 눈을 돌리는 기업은 파나소닉뿐만이 아니다. 조금 과장하면 동일본 대지진 이후 아침 신문에 에너지 분야에 진출하는 기업 이름을 하나씩 찾아볼 수 있을 정도다. 일본 정부의 방향에 맞춰 일본 기업들은 이미 원전 이외의 새로운 대체 에너지 개발에 집중하고 있는 것이다.

원자력 발전에 집중해온 도시바는 후쿠시마 원전 사고를 계기로 2011년부터 3년간 설비에 1조3,000억 엔을, 연구 개발에 1조700억 엔을 각각 투자해 '스마트그리드(Smart Grid: 지능형 전력망)' 사업을 대폭 강화하기로 했다. 스마트그리드는 현재의 전력망에 정보 기술(IT)을 적용한 차세대 에너지 신기술로 소비자가 '똑똑한 전력소비'를 하도록 돕는다. 소비자는 스마트그리드로 전기요금을 실시간 확인해 가장 저렴한 시간대에 전기를 소비할 수 있다. 또 전기자동차에 전기를 충전하는 기본 인프라가 된다.

공급이 불안정한 태양광, 풍력 등 신재생 에너지도 안정적으로 이용할 수 있게 해 준다.

샤프와 일본IBM 등은 동일본 대지진 피해 지역인 미야기(宮城) 현 센다이(仙台) 시에 태양광 발전소를 활용하는 '에코타운'을 설립할 예정이다. 쓰나미 피해 농지에서 태양광 에너지로 식품 사업을 육성한다는 구상이다. 파나소닉은 도시 가스와 공기를 활용해 전기를 생산하는 가정용 연료 전지의 판매 확대에 주력하고 있다.

가정용 건축자재 업체 고메리는 태양광 발전과 풍력 발전 사업에 뛰어들 계획이다. 소비자들이 대체 에너지에 큰 관심을 보이면서 고메리는 이미 매장에 전기차용 배터리 충전소를 설치했다. 디지털카메라업체 리코는 에너지 보존 및 친환경 사업, 특히 소비 전력이 낮은 발광다이오드(LED) 조명 제조 및 판매에 관심을 두고 있다. 리코는 LED 상품을 개발해 자사 마케팅 네트워크를 통해 이를 판매할 계획이다.

2011년 들어 약 1,000개의 상장 업체 가운데 140개 업체가 회사 설립 허가서 개정을 신청했다. 대부분은 재생 에너지나 환경 관련 사업에 진출하길 희망했다. 동일본 대지진 이후 일본 정부가 재생 에너지에 대한 강한 의지를 보이자 기업들이 그 분야로 새롭게 나서는 것이다.

축전지 붐

전력을 생산하는 것은 발전 사업자만 하는 것은 아니다. 개별 가정에서도 전력을 생산할 수 있다. 지붕 위에 태양전지 모듈을 설치해 놓고 태양광을 전기로 변환한 뒤 축전지에 모아두면 된다. 천재지변으로 전력 공급이 되지 않아도 걱정 없다. 자체 발전을 통해 전등을 켜고 가전제품을 사용할 수 있기 때문이다. 이런 가정용 발전 시스템은 동일본 대지진 이후 크게 주목을 끌고 있다.

시즈오카(靜岡) 현 미시마(三島) 시에 있는 에코타운. 이곳에 있는 ??채의 집은 모두 자체 발전 및 저장 시스템을 갖췄다. 가정용 연료전지(출력 1kw), 태양광 발전 시스템(출력 약 3kw), 축전지(용량 12kwh) 등이 집집마다 장착돼 있는 것이다. 이 정도 규모면 4인 가족이 이틀 정도 자가 발전을 통해 생활할 수 있다. 실내 모니터를 통해 태양광의 발전량, 에너지 사용 상황도 파악할 수도 있다.

특히 눈길을 끄는 것은 축전지다. 어른 키만한 높이에 가로, 세로 길이는 약 1m. 일반적인 가정용에 비해 몇 배 더 크다. 축전지의 역할은 생각보다 중요하다. 태양광 발전량은 들쭉날쭉하다. 밤이나 비 오는 날에는 발전이 되지 않고, 낮에 해가 높이 떴을 때는 발전량이 크게 늘어난다. 하지만 가정에서는 상시적으로 전력이 필요하다. 축전지는 들쭉날쭉한 발전량을 평준화해준다. 즉, 해가 떴을 때 발전을 모아뒀다가 밤에 사용할 수 있게 해주는 것이다.

축전지를 가동하지 않으면 에코타운의 월 전기료는 약 4,000엔 정도. 하지만 축전지를 가동시키면 전기료는 절반으로 떨어진다.

동일본 대지진 이후 가정에서 축전지에 대한 관심이 크게 높아졌다. 발전시설을 갖추지 않았더라도 축전지가 있으면 충전을 통해 비상용 전기를 비축해놓을 수 있기 때문이다. 예를 들어 가정에서 의료기를 사용하는 환자가 있는데 갑자기 정전이 되면 환자에게 치명적일 수 있다. 이럴 때는 축전지가 생명을 살릴 수 있다.

기업들도 가정용 축전지 개발에 적극 나섰다. 일본 최대의 가전 양판점 체인인 야마다전기는 에디슨파워사가 제조한 용량 1,000wh, 2,500wh의 리튬이온 축전지를 각각 87만 엔, 189만 엔으로 출시했다. 1,000wh의 경우 3시간의 충전으로 500리터의 냉장고를 약 5시간 가동시킬 수 있다고 한다.

이시카와(石川) 현 가나자와(金澤) 시에 있는 전지 기술 전문회사인 리푸

러스는 납전지를 탑재한 200wh의 가정용 축전지를 개발해 4만8,900엔으로 출시했다. 이 축전지는 태양광으로 맑은 날씨에 이틀 정도면 충전이 가능하고, 100볼트의 가정용 전원으로도 10시간 만에 충전할 수 있다. 한 번 충전하면 TV, 노트북, 선풍기 등 전력 소비가 적은 가전제품을 서너 시간 가동시킬 수가 있다.

축전지 제조업체 에리파워도 업무용 리스 판매를 하고 있는 축전지를 가정용으로 100만 엔 정도로 출시할 계획이고 도시바도 가정용 축전지 사업을 준비 중이다. 1,000~5,000wh의 제품을 준비 중이고 1,000wh 제품을 40~50만 엔 정도로 출시할 계획이다.

아직은 가격이 부담스러운 수준이다. 하지만 정부가 보조금을 검토하고 있고, 시장이 커져 기술 개발과 대량 생산 체제가 이뤄지면 가격은 빠르게 떨어질 수 있다.

새로운 실험

미야기 현 센다이 시와 일본 IBM, 샤프, 식품업체 가고메, 유통업체 세븐일레븐 등 약 20개 사는 2011년 8월경 대지진 피해를 입은 농지에 대규모 태양광 발전소를 건설하고 그 전력으로 일본 내 최대 규모의 수경(水耕) 재배를 하기로 했다. 이는 획기적인 발상의 전환이다. 쓰나미 피해를 입은 농지는 4~5년간 농사를 지을 수 없다. 염분이 다 빠지려면 그만큼 시간이 걸리기 때문이다. 하지만 농지가 아니라 물에서 농작물을 기른다면 이야기는 달라진다.

이 프로젝트의 첫 대상 지역은 센다이 해안 지역의 쓰나미 피해 지역으로 도쿄돔 넓이의 약 5배에 해당하는 23만㎡다. 여기에선 수경 재배 공장뿐 아니라 가공 공장도 나란히 건설해 생산과 가공을 일원화한다.

중견 식품업체 가고메가 수경 재배 노하우를 제공하기로 했다. 공장에서 생산 및 가공을 마친 야채는 편의점 세븐 일레븐 등에서 판매된다. 생산 및 가공 공장은 새로 건설될 태양광 발전소에서 생산되는 전기와 바이오매스 에너지로 가동된다. 일본 IBM은 정보통신 기술을 이용해 에너지 효율을 높이는 시스템을 제공할 예정이다.

센다이 시는 연간 2,000톤의 야채가 수경 재배로 생산될 것으로 전망하고 있다. 이를 통한 연간 매출 규모는 약 25억 엔. 센다이 시는 사업비를 약 100억 엔 규모로 잡고 정부의 부흥 복구 비용과 융자 등을 통해 충당할 계획이다.

이 프로젝트는 전자, 정보통신, 식품 가공, 편의점 및 슈퍼 체인 등 다양한 업종의 기업들이 참가해 서로의 노하우를 제공한다. 대지진이라는 충격이 없었으면 상상할 수 없는 윈윈 전략이다.

재생 에너지에 대한 걸림돌

일본 최대 경제단체인 게이단렌(經團連)은 2011년 11월 이사회를 열고 원전 조기 재가동을 정부에 촉구하는 '에너지 정책 제언'을 통과시켰다. 이 제언에는 "전력 부족이 계속되면 산업 공동화가 진행되기 때문에 당장은 안전성이 확인된 원전의 재가동이 매우 중요하다"는 내용이 포함돼 있다.

원전 사업이 옛 여당인 자민당 시절부터 일본 내에서 관민(官民) 협조 및 유착 체제 속에서 막대한 이권으로 성장했으며, 각 지역 전력회사의 영향력도 크기 때문에 일본 정부의 구상대로 에너지 개혁이 잘 이루어질지는 불투명하다. 기존 전력회사들도 재생 에너지 도입에 대해 부정적이다. 원전은 건설 비용이나 폐기물 처리 비용, 원전 폐기 비용, 사고 발생시의 피해 보상 비용 등이 막대하지만 이들은 국가 재정으로 충당되는 측면이 있어서 전력회사 처지에서 보면 원전은 발전량이 안정적이고 운영 코스트가 낮다. 초창기 설비 투자가 많이 들어가는 재생 에너지에 무리하게 뛰어들 필요가 없는 셈이다.

환경 문제도 재생 에너지 사업의 발목을 잡고 있다. 재생 에너지 사업을 벌이기 위해서는 각종 환경 규제를 통과해야 한다. 예를 들면 장소 선정을 할 때 농지법, 삼림법, 자연공원법, 해안법 등에 규정된 부지 기준을 통과해야 한다. 발전소를 짓지 못하는 경우도 빈번히 일어나고, 짓더라도 막대한 서류를 준비해야 한다.

발전을 할 때는 지역 환경과 공존해야 하는 것은 당연하다. 재생 에너지의 경우 주민들의 환경 민원이 많이 나온다. 풍력 발전에 대해서는 소음 문제가 꾸준히 제기되고 있다. 새들이 풍차 프로펠러에 부딪혀 죽는 것에 대해서도 문제제기가 되고 있다. 이 때문에 2012년 10월부터는 총출력 10㎿ 이상의 풍력 발전소는 법 적용을 더 엄격하게 하기로 했다. 예를 들면 생태계 조사 부분에서 더 많은 조사 항목을 의무화했다.

재생 에너지로 전체 필요 전력을 생산하기에는 시간이 오래 걸릴 뿐만 아니라 각종 비용도 비싸다. 1,000만㎾를 생산하는 원전 1개를 대체하기 위해 필요한 땅은 태양광 약 67만㎡, 풍력 약 248만㎡다. 이런 사항들을 고려하면 당장 원자력을 재생 에너지 등으로 대체하는 것은 현실적으로 어려워 보인다.

상황이 이렇다 보니 일본 정부도 재생 에너지를 집중 육성하기는 부담스러울 것이다. 실제 간 나오토 전 수상에서 노다 요시히코((野田佳彦) 수상으로 바뀐 후부터는 원전 폐쇄에 대한 뉘앙스가 달라졌다. 노다 수상은 재정 건전화를 위해서는 경제 성장이 필요하고, 경제 성장을 위해서는 안정적인 전력 공급이 필수이며, 이를 위해서는 원전의 활용이 불가피하다는 의지를 거듭 강조하고 있다. 에너지 구조를 재생 에너지 중심으로 만들기 위해서는 많은 산을 넘어야 하는 게 현실이다.

· **자연 에너지**: 태양, 물, 바람, 바람, 지열 등 자연을 이용해 에너지를 만드는 것을 뜻한다. 재생 에너지와 같은 의미다.

· **재생 에너지**: 태양, 물, 바람 등 여러 번 재생해 사용할 수 있는 에너지로 한 번 사용하면 사라져버리는 석유, 석탄 에너지와 다르다. 자연 에너지와 같은 의미다.

· **신재생 에너지**: 신 에너지와 재생 에너지를 통틀어 부르는 말이다. 신 에너지는 새로운 물리력, 새로운 물질을 기반으로 하는 핵융합, 자기 유체 발전, 연료 전지, 수소 에너지 등을 의미한다.

8장

환율 미스터리

#장면 1

2008년 9월 미국 4대 투자은행 중 하나인 리먼브러더스가 파산보호를 신청했다. 미국 발(發) 금융 위기의 신호탄이었다. 이후 미국과 유럽 등 선진국 경제가 휘청거리기 시작했다. '대공황 이후 최대 위기'라는 표현도 언론에 나왔다.

선진국 경제가 기침을 하면 한국 경제는 감기 몸살을 심하게 앓는다. 리먼 쇼크 후 한국의 주가가 급락하고 환율이 급등(원화 가치 급락)하기 시작했다. 2008년 4분기 경제성장률은 전년 동기 대비 −3.4%였다. 외국 언론에선 "한국이 1997년 외환 위기와 같은 상황을 다시 맞을 수 있다"는 기사가 나왔다. 당시 금융위기는 전 세계적으로 충격을 줬지만 한국은 유독 몸살을 심하게 앓았다.

그 이유는 '외환 충격' 때문이다. 2008년 9월부터 그해 12월까지 3개월 동안 한국에서 695억 달러가 빠져나갔다. 1998년 4월부터 2008년 8월까지 약 10년 동안 2,219억 달러가 한국 시장에 들어왔는데 단 3개월 동안 3분의 1이 빠져나간 것이다. 당시 시중 은행은 "달러 씨가 말랐다. 돈줄이 완전히 끊겼다"며 한국은행과 기획재정부에 연일 SOS를 보냈다.

달러가 귀해지면서 원-달러 환율은 급격하게 뛰었다. 2008년 초 달러 당 1,000원 언저리이던 환율이 그해 말 1,500원을 넘어섰다. 원화 가치가 반 토

막 난 것이다. 위기시 급격히 한국을 빠져나가는 외화 자본은 한국 경제의
아킬레스건이다.

〈그림 1〉 원-달러 환율 추이

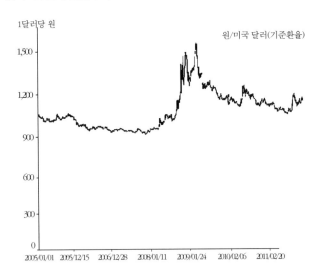

#장면 2

리먼 쇼크는 일본 경제에도 큰 충격을 줬다. 2002년 이후 회복세를 보
이던 일본 경제가 리먼 쇼크로 다시 위축될 정도였다. 반짝 오르던 집값도
2008년 말부터 다시 하락세로 돌아섰다. 기업들은 구조조정을 하며 비정규
직을 대거 해고했다. 실직자가 넘쳤다.

하지만 엔화 가치는 한국과 반대로 오히려 강세를 보였다. 2008년 9월 10
일 1달러당 107엔이었던 엔-달러 환율은 10월 10일 99엔, 12월 10일 92엔으
로 점차 하락(엔화 가치 상승)했다. 위기 때 투자자들은 안전한 투자처를 찾
는다. 원화와 달리 엔화는 대표적인 안전 자산이다. 글로벌 경제 위기 때마
다 엔화 환율은 떨어지는 특성이 있다.

그럼 동일본 대지진 발생 직후에도 엔화 가치가 뛰었을까? 결론부터 말하면 '그렇다'. 당시 지진과 쓰나미뿐 아니라 원전 문제가 겹쳐 외국계 기업들이 일본을 떠나고, 대사관 직원들도 일본을 탈출했다. 일본에 투자한 기업들이 본국으로 돌아간다면 엔화 환율은 올라야(엔화 가치 하락) 정상이다. 엔화를 달러로 바꾸기 때문에 달러 수요가 늘고 엔화는 공급이 넘치기 때문이다.

하지만 2011년 3월 11일 1달러당 83엔이었던 환율은 81엔(5월 11일), 80엔(7월 11일) 등으로 꾸준히 떨어졌다. 일본 국내에 터진 대형 악재에도 불구하고 엔화 가치는 꾸준히 상승한 것이다. 한국과 180도 다른 모습이다.

〈그림 2〉 엔-달러 환율 추이

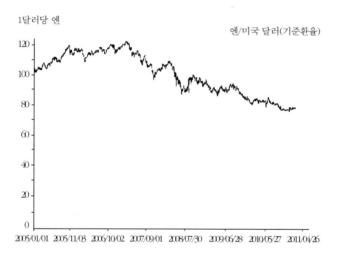

두 장면은 한국과 일본의 통화 가치 차이를 극명하게 보여준다. 위기 때 한국 통화 가치는 폭락하고 일본 통화 가치는 폭등한다. 하지만 아무리 그렇다고 해도 일본에 1,000년에 한 번 올까 말까 한 재해가 일어났는데도 엔화의 가치가 오르는 것은 쉽게 납득되지 않는다. 엔화 가치의 미스터리를 살펴봤다.

40년간 계속되는 엔화 강세

환율(exchange rate)은 한 국가의 통화와 다른 국가 통화의 교환비율을 말한다. 실제 표시할 때는 기준통화에 대한 자국 통화 가치로 표시한다. 통상 기준통화는 국제적으로 가장 많이 거래되는 달러다.

환율은 화폐의 수요와 공급에 따라 결정된다. 환율에 가장 영향을 많이 주는 요인 중에 하나가 바로 수출이다. 예를 들어 한국 기업의 수출이 호조를 보여 무역 수지에서 대규모 흑자가 나면 수출 대금으로 받은 달러가 많아진다. 외환 시장에는 벌어들인 달러를 원화로 바꾸려는 사람이 많아진다. 수요와 공급의 원칙에 따라 달러 가치는 하락하게 되고 원화 가치는 올라가게 된다. 과거 1달러에 1,200원 하던 것이 1달러에 1,000원이 되는 것이다. 원화 절상은 곧 환율 하락과 같은 의미다.

한국이 매력적인 투자처가 돼 외국 자본이 몰릴 때도 똑같은 현상이 일어난다. 투자자들이 달러를 들고 한국에 와 원화를 구입하기 때문에 원화 가치는 오른다. 반면 한국 경제가 나빠져 투자가가 떠나면 반대 현상이 일어나 원화 가치는 떨어진다.

기본적으로 원화 가치가 높게 형성되려면 한국의 경제 사정이 좋아야 한다. 수출이 잘 되고, 해외 투자가들이 국내에 몰려와야 하기 때문이다. 통상 원화 가치가 높을 때 주가도 강세를 보인다. 다른 국가도 마찬가지다.

일본 엔화의 경우 등락은 항상 있어 왔지만 큰 틀에서 보면 40년 이상 엔화 강세를 보이고 있다. 1970년대 1달러당 300엔 내외였던 엔-달러 환율은 2011년 달러당 80엔 내외로 떨어졌다.

<그림 3> 40년 이상 계속되어온 엔고 역사

자료: LG경제연구원 '엔고 장기화로 수출경쟁전선 아시아로 확대' 보고서.

엔화의 지속적인 평가 절상은 일본 경제의 힘을 그대로 보여준다. 1945
년 2차 세계대전에서 패했을 때 일본에는 군에서 제대한 사람을 포함해 약
1,000만 명이 실업 상태였다. 주택과 산업 시설은 광범위하게 파괴됐다.
1945년 쌀 수확량은 평년작의 3분의 2에 지나지 않았고 인플레이션이 빠르
게 진행됐다. 전쟁으로 인한 물자 손실은 전체 국부(國富)의 4분의 1로 추정
됐다.[5]

1950년 한국전쟁은 일본에 있어서는 축복이었다. 일본은 전쟁을 치르면
서 중공업 기술력을 갖고 있었는데 한국전쟁으로 국제적으로 전쟁 물자에
대한 수요가 커졌다. 여기에서 벌어들인 외환 수입으로 일본은 공장 및 설비
에 신규 투자를 할 수 있었다.

그 후 일본 정부는 재벌을 집중 지원하면서 경제계를 주도적으로 이끌었
다. 거기에 전 세계적으로 경제가 팽창기에 들어섰고 전후 고난을 경험한 일

5) 『일본 근현대사』, W. G. 비즐리 지음, 장인성 옮김, 을유문화사.

본 산업들은 양호한 노사 관계를 유지했다. 미일 협력을 통해 선진 기술을 받아들였고 일본 국민들의 높은 저축 성향 덕분에 산업 투자에 필요한 자본을 형성할 수 있었다. 일본 경제가 빠르게 패전을 극복하고 세계 무대로 성장해갔다. 엔화의 가치도 비례해서 높아졌다.

일본은 1970년대 두 차례 오일 쇼크를 겪으면서 거침없던 경제성장에 변화가 나타났다. 오일 쇼크 이전 연평균 10% 이상 성장하던 경제 성장률이 5% 수준으로 떨어진 것. 실업률도 서서히 높아지기 시작했다. 일본 경제가 고도 성장보다는 안정 성장 시기에 들어선 것이다. 이때 일본 정부는 수입 원료에 의존하는 산업에서 벗어나 기술 혁신을 통한 고부가가치 산업을 적극 육성하기 시작했다. 자동차, 컴퓨터, 반도체 등 산업의 설비를 크게 확장한 것이다.

일본의 무역수지는 1965년 20년 만에 처음으로 흑자로 돌아섰다. 1970년 들어서는 수입보다 수출의 성장 폭이 훨씬 커졌다. 무역수지 흑자 폭이 꾸준히 증가했고, 해외 투자를 적극적으로 해 자본 유출도 크게 일어났다. 이로 인해 일본은 수년 내 국제적으로 주요 채권 국가가 됐다. 1970년대 초 달러당 350엔 내외였던 환율이 1970년대 말에는 200엔 내외로 떨어졌다. 일본 통화 가치가 약 2배로 올라간 것이다.

이 무렵 미국은 무역 적자와 재정 적자라는 '쌍둥이 적자'에 허덕이고 있었다. 미국 정부는 달러화가 일본 엔화나 독일 마르크화보다 지나치게 평가 절상된 것이 문제라고 판단했다. 견디다 못한 미국 정부는 1985년 9월 22일 뉴욕 플라자호텔에서 미국, 영국, 독일, 프랑스, 일본 등 주요 5개국(G5) 재무장관 회의를 긴급 개최했다. 제임스 베이커 미 재무장관은 미국의 무역 수지 개선을 위해 엔과 마르크 등 주요 통화의 평가 절상을 유도하는 '플라자 합의'를 이끌어냈다.

달러당 260엔대였던 엔-달러 환율은 플라자 합의 여파로 1987년 말 122

엔대로 급락했다. 엔화 가치가 2배 이상으로 뛴 것이다. 수출 기업을 지원하기 위해 일본 정부는 금리를 급격히 낮췄다. 그러자 돈이 시중에 풀렸고 풍부한 시중 유동성은 1980년대 후반 일본 경제에 거품이 끼게 만들었다. 1990년대 초 금리 인상과 함께 거품은 터졌고 '잃어버린 10년'이 시작됐다. 플라자 합의는 일본의 장기 경제 침체의 직접적인 원인을 제공한 셈이다.

하지만 일본 경제가 휘청거릴 때도 엔화 가치는 꾸준히 올랐다. 그만큼 국제 사회에서 엔화의 중요성이 커졌다고도 할 수 있다. 주요국들은 자국의 수출 확대를 위해 앞을 다투어 자국 통화 약세를 시도했기 때문에 엔고(円高) 현상이 좀처럼 사라지지 않았다. 더구나 일본의 무역흑자는 지속적으로 이어져 엔고를 고착시켰다.

동일본 대지진과 엔화 환율

2011년 3월 11일 동일본 대지진이 발생했다. 지진과 쓰나미 피해로 일본 동북부 지역의 부품 공장들이 큰 피해를 입었다. 생산 차질을 겪다 보니 수출이 주춤했다. 2011년 일본은 31년 만에 무역수지 적자로 돌아섰다. 경제 성장도 마이너스가 확실시 된다.

대지진 피해를 복구하려면 천문학적인 정부 재정이 필요하다. 하지만 일본의 국가채무는 국내총생산(GDP)의 200%를 넘어서 추가 재원 마련이 쉽지 않다. 세금으로 충당한다면 국민들의 생활은 더욱 힘들어지고 그런 만큼 소비를 줄일 것이다. 그럼 내수 시장이 위축된다.

선진 7개국(G7)은 대지진 직후 일본을 돕기 위해 달러를 사들이고 엔화를 파는 협조 개입에 나섰다. 엔화의 환율을 높이기 위한 것으로 결코 흔치 않은 국제 공조다. 모든 상황을 종합해보건대 엔화 가치는 떨어져야 정상이다. 하지만 실제 상황은 반대로 움직였다. 미국의 서브프라임 모기지(비우량 주택담보대출) 부실로 금융 시장 불안이 불거진 2007년 6월 이후 나타난 엔고 현상이 동일본 대지진 직후에도 계속 이어졌다. 엔-달러 환율은 2011년 7월 이후 1달러당 70엔대에서 형성되고 있다. 사상 최저 수준이다.

무엇이 엔화 강세를 가져오는 걸까.

첫 번째는 '엔화=안전 자산'이라는 강력한 믿음이다. 일본의 경상수지(상품, 서비스, 소득, 경상이전 수지로 구성)는 거의 예외 없이 흑자를 보이고 있다. 2010년 경우 16조1,000억 엔 흑자였다. 하지만 2011년은 대지진으로 인해 무역 수지가 2조4,927억 엔 적자를 냈다. 더구나 동일본 대지진 이후 원자력 발전을 폐기하면 향후 화석 연료 수입이 늘기 것이기 때문에 상품 수지는 더욱 악화될 것이다.

하지만 배당금, 이자와 같은 소득 수지에서 일본은 큰 흑자를 보이고 있다. 기존에 해외에 투자한 자산에서 이자와 배당금을 많이 받기 때문에 소득 수지는 약 12조 엔 흑자다. 이 때문에 전체 경상 수지는 흔들림 없는 흑자 기조를 이어갔다.

일본은 지금까지 막대한 경상 수지 흑자를 자본 수지 적자로 상쇄했다. 매년 일본은 해외 지사에 대한 직접 투자, 공사채 발행, 장단기 차관 제공, 국제기구에 대한 출자 등을 통해 자금을 해외로 유출하고 있는 것이다.[6] 이를 통해 국제 수지(크게 경상 수지와 자본 수지로 이뤄짐) 균형을 맞춰나가고 있다.

지진과 쓰나미로 엄청난 피해를 입었지만 여전히 다른 나라들을 지원하거나 해외 투자를 할 만큼 국제수지가 안정적이라는 점은 안전 자산으로서의 엔화의 입지가 그만큼 돈독하다는 것을 의미한다. 이에 비해 미국은 쌍둥이 적자가 여전한데다 2008년 금융 위기 이후 경기 둔화로 고전하고 있고, 유럽은 재정 위기 불씨가 남아있다. 투자자 처지에서 보자면 달러와 유로보

---

6) 2011년 들어 일본의 자금 유출 규모는 크게 줄어들었고 순유입 전환 움직임을 보이고 있다. 이는 일본 기업들의 대외 투자 위축, '엔 캐리 트레이드'의 감소 등 영향 때문이다.

다는 엔화가 가장 안전한 자산에 속한다.

두 번째는 일본이 세계 최대의 순채권국이라는 점이다. 일본 정부는 대지진 복구에 5년간 19조 엔 이상 필요할 것으로 보고 있다. 증세, 국채 발행, 해외 투자 자금 회수 등 여러 방법으로 재원을 마련할 수 있다. 해외 투자 자산 중 일부를 현금화하면 그 과정에서 달러를 팔고 엔화를 사기 때문에 엔고가 일어날 가능성이 커진다. 2010년 말 현재 일본의 해외 투자 자산은 4조4,000억 달러. 이 중 일부만 처분하더라도 수천억 달러를 가지고 엔화를 사게 된다. 엔화 가치가 오를 수밖에 없다.

세 번째는 일본의 경우 유럽 국가와 같은 재정 위기 가능성이 높지 않다는 것이다. 2011년 현재 일본의 국가 채무는 GDP의 200%를 넘는다. 장기 불황 속에 경제를 살리고자 정부가 각종 사업을 벌이다 보니 나라 빚이 늘었다. 겉보기에는 그리스, 이탈리아, 포르투갈 등 유럽의 문제 국가들보다 상황이 훨씬 나빠 보인다.

하지만 일본 정부가 발행한 국채의 90% 이상 일본 내에서 소화되고 있고 경상 수지 흑자 구조도 지속적으로 이어지고 있다. 국채 만기가 돌아오더라도 일본의 자금이 대거 해외로 빠져나갈 염려는 없는 셈이다. 게다가 일본 국채의 유통 수익률은 1%대 초반에 그쳐 주요 선진국 중에서 최저 수준이다. 투자자 처지에서 보자면 일본 국채를 사봐야 별 이익을 보기 힘들고, 일본 정부 처지에서 보자면 국채를 발행하더라도 지급해야 할 이자가 크지 않다.

따라서 GDP의 두 배가 넘는 일본의 국가 채무는 중장기적으로 폭탄이 될 수 있지만 단기적으로는 큰 문제가 되지 않는다. 해외 투자자들이 '일본은 유럽과 같은 재정 위기를 맞게 될 가능성이 약하다'고 판단했고, 글로벌 경제 위기가 불거질 때면 엔화를 찾았다.

물론 1990년 이후 일본 경제가 비틀거리고 있는데 통화 가치는 높게 형성뙨다는 것은 아이러니한 측면도 있다. 엔화 가치가 일본 경제의 펀더멘틀을 제대로 반영하지 못하고 있다는 지적도 나온다. 이 때문에 엔화 가치 대폭락이라는 시나리오도 심심찮게 들려온다. 하지만 2000년대 후반 미국의 금융 위기와 유럽의 재정 위기가 워낙 크게 부각돼 있기 때문에 상대적으로 엔화가 주모받고 있다. 엔화 약세 가능성은 열려 있지만 미국과 유럽이라는 거대 경제권이 휘청거리는 상황에서 엔화 약세는 당분간 실현되기 힘들어 보인다.

게다가 2012년 일본 경제는 동일본 대지진의 복구 수요에 힘입어 주요 선진국 중에서 유일하게 큰 폭의 성장이 예상된다. 일본 정부는 2012 회계연도(2012년 4월 1일~2013년 3월 31일) 경제 성장률을 2.2%로 제시했다. 대지진 복구 사업으로 인해 고용 불안이 개선되고 위축됐던 개인 소비도 살아날 것으로 전망하고 있다. 이 때문에 엔-달러 환율이 달러당 60엔 대에 진입할 수 있다는 분석도 나오고 있다.

일본 기업의 신음

2008년 말 글로벌 금융 위기는 한국과 일본 모두에 큰 타격을 줬다. 한국의 경우 2008년 4분기에 수출과 수입이 모두 큰 폭으로 줄면서 GDP가 5.1%나 감소했다. 일본 역시 수출 급감을 경험하면서 같은 기간 GDP가 3.2% 줄어들어 고통스러워했다.

하지만 위기 극복은 달랐다. 한국은 "선진국 중 가장 빨리 위기를 극복한 국가"로 세계의 주목을 받았다. 하지만 일본은 계속 고전하고 있다. 여러 원인이 있겠지만 결정적인 차이는 '환율'이다.

2008년 8월 달러당 1,046.1원이던 것이 2009년 5월에는 1,449.6으로 뛰었다. 경제 위기 때마다 환율이 급격하게 출렁인다는 것은 한국 경제의 큰 약점이다. 더 심해지면 1997년 외환위기 때처럼 국제통화기금(IMF) 등에서 달러를 빌려와야 하고, 한국의 대외 신인도는 땅에 떨어질 수 있다.

하지만 환율 효과는 역설적으로 한국 기업의 수출 경쟁력을 높여 글로벌 금융 위기를 빨리 벗어나게끔 했다. 환율 상승 덕분에 달러로 표시한 한국 제품의 가격이 싸지면서 자동차, 가전제품 등의 수출이 크게 늘었다. 2009년 현대·기아차가 판매량 기준으로 처음 세계 5위에 오른 것도 환율 영향이 컸다.

반면 엔화 가치는 금융 위기 이후에도 지속적으로 올랐다. 2008년 8월 달러당 109.4엔이었던 것이 2009년 12월에 89.3엔에까지 떨어졌다. 동일본 대지진 후인 2011년 7월에 달러당 70엔대로 떨어졌다. 그 이후에는 꾸준히 70엔대에서 머물고 있다. 일본 기업은 비명을 질렀고 수출은 가파르게 감소했다. 2011년 4월 일본의 수출은 전년 동월 대비 12.4% 줄었다. 8~9월 들어 예년의 수출 실적으로 어느 정도 회복했지만 10월 들어 다시 감소했다.

일본 테이코쿠 데이터뱅크(TDB)가 2011년 8월에 1만1,070개 회사를 조사한 결과에 따르면 엔고에 따른 악영향을 우려한 기업은 3,927개 사로 35.5%였다. 특히 2000년대 중반에 일본에서 생산 규모를 크게 확대한 액정 표시장치(LCD), 플라즈마 디스플레이 패널(PDP) 등의 디스플레이 분야가 타격을 크게 받았다. 파나소닉, 소니 등은 디스플레이 사업을 축소하는 구조 조정도 실시했다. 자동차 산업도 엔고 영향뿐 아니라 동일본 대지진으로 인한 생산 기지 피해로 크게 고전했다.

수출뿐 아니라 내수도 문제였다. 사실 일본의 무역 의존도[7]는 2009년 기준 22.3%로 한국(82.4%)보다 훨씬 낮다. 일본은 커다란 내수 시장을 갖고 있기 때문에 한국처럼 수출에 목매지 않아도 된다. 하지만 금융 위기 후 내수까지 부진했기 때문에 일본 경제 전체가 흔들렸고, 위기 극복도 늦을 수밖

---

7) 무역 의존도는 경제에서 대외 무역이 차지하는 비중을 나타내는 것으로 수출액과 수입액을 합한 금액을 국내총생산(GDP)으로 나눠 구한다.

에 없었다.

금융 위기 때 한국 기업들은 '잡 쉐어링(일자리 나누기)' 등을 통해 최대한 기존 직원을 끌어안았다. 공기업들은 신입 사원 연봉을 낮춰 좀 더 많은 직원을 고용하고자 했다. 리먼 쇼크(2008년 9월) 두 달 만에 "어렵다고 사람 내보내면 안 된다"는 대기업 회장의 발언이 한국 신문에 크게 소개됐다.

반면 같은 기간 일본에서는 '비정규직 대거 해고'라는 기사가 종종 게재됐다. 기업들은 임금 상승을 억제했다. 민간 소비가 더욱 위축되면서 내수 시장도 침체돼갔다. 과거 일본 기업들은 종신고용을 당연한 것으로 여겼지만 1990년대부터 시작된 장기 불황 이후 기업들이 효율성을 높이기 위해 인력 구조조정을 실시했다. 비정규직도 대거 뽑기 시작했다. 평생 직장 개념이 사라지자 전통적으로 기업이 뒷받침해주던 사회 안전망이 약화됐다. 노인들은 "100살까지 살지 모른다"는 불안감을 느끼며 지갑을 닫고 있고, 저출산으로 인해 유아와 어린이 관련 시장도 사양길이다. 이런 상황에서 동일본 대지진 피해가 겹쳤으니 내수 문제도 상당 기간 이어질 것으로 보인다.

엔화 강세가 장기간 지속되자 일본 정부가 직접 대책 마련에 나서기도 했다. 2011년 여름과 가을 각각 4조5,129억 엔, 7조7,000억 엔을 투입하여 대규모 시장 개입을 단행했다. 하지만 효과는 미미했다. 플라자 합의와 마찬가지로 주요 선진국들의 공조 없이 일본 혼자서 환율 흐름을 바꾸고자 하는 것은 '밑 빠진 독에 물 붓기'밖에 되지 않았다.

한편 동일본 대지진으로 인해 한국 기업 제품은 재평가의 기회를 잡았다. 일본 부품 업체들이 피해 복구에 전력을 쏟는 기간에 일본은 물론이고 미국이나 유럽 등지의 부품구매 기업들이 한국산을 찾고 있기 때문이다. 가격 측면을 봐도 한국 부품 업체는 일본 업체보다 훨씬 경쟁력이 있다.

『동아일보』와 대한상공회의소가 동일본 대지진 발생 100일에 맞춰 800개 한국 기업에 대해 설문조사한 결과 일본 지진으로 수혜를 본 기업

은 8.3%(66개)였다. '지진 직후 혜택이 있었지만 지금은 사라졌다'는 기업
(3.5%, 28개 사)보다 '지금까지 혜택이 지속되고 있다'는 기업(4.8%, 38개
사)이 더 많았다. 이 기업들은 원천 기술을 가지고 있고 원부자재를 일본 이
외에서 수입한다는 공통점이 있었다.

물론 일본산 부품과 일본 시장 수출에 의존해온 국내 제조업체들은 동일
본 대지진으로 인해 피해를 받기도 했다. 피해를 본 기업은 조사 대상 기업
의 20.8%(166개사)로 수혜 기업 8.3%보다 많았지만 현재 정상화된 기업을
빼고 지금까지 피해가 지속되는 기업만 치면 8.0%(64개 사)로 줄었다. 이들
기업들은 부품 조달처와 수출시장 다변화로 어려움을 극복하고 있는 것으
로 나타났다.

해외 투자 VS 산업공동화

자국 통화 강세가 수출 길을 막는 부정적인 것만은 아니다. 해외에서 원
자재를 구입하면 싸게 살 수 있어 인플레이션 압력을 줄여준다. 해외에 나가
쓸 수 있는 자금이 풍부해지는 셈이므로 해외 투자에도 적격이다. 과거 일본
기업들은 엔고를 계기로 해외투자를 확대했고, 그 영향으로 아시아가 일본
의 생산 기지화가 되기도 했다. 1990년대 중반 엔고 시기에는 일본의 브라
운관 TV, 오디오 등 전자 산업이 동남아로 이전됐다.

2007년부터 지속된 엔화 강세로 인해 또 다시 일본 기업들이 해외에 눈을
돌리고 있다. 일본 경제산업성에 따르면 제조 기업 중 해외 생산을 추진하고
있는 기업의 비율은 1990년 40.3%에서 2009년 67.5%로 늘었다. 특히 전기
전자, 자동차 등 가공조립업의 경우 아시아를 중심으로 분업 체제를 구축해
엔고로 인한 가격 경쟁력 저하를 막고 있다.

대지진 이후 특징적인 점은 일본 내 생산을 고집해왔던 첨단 소재 및 부
품 기업들조차도 해외 생산을 확대할 움직임을 보이고 있다. 장치 산업으로

서의 성격이 강한 이들 업종은 인건비 비중이 상대적으로 낮고 연구 개발의 중요성이 크기 때문에 일본 국내 생산을 선호했다. 하지만 동일본 대지진 이후 일본 국내에는 전력이 부족하고 공장이 또다시 쓰나미의 피해를 입을 수도 있어 해외 이전을 고려하고 있는 것이다.

일본 언론 매체 보도에 따르면 일본 유일의 DRAM 반도체 제조회사인 엘피다 메모리는 히로시마(広島) 주력 공장의 생산 능력의 40%를 대만으로 옮길 계획이다. 파나소닉은 말레이시아에 450억 엔을 투자하여 태양전지 생산 공장을 건설한다는 방침이다. 파나소닉은 중국에서 2차 전지 생산을 추진하고 있다.

2011년 현재 샤프는 중국 기업과 액정 패널 합작 생산을 검토하고 있고 닛산자동차는 2012년 이후 스포츠유틸리티차량(SUV) 생산을 현재의 규슈(九州) 공장에서 미국의 테네시 공장으로 이전해 생산할 계획이다. 미쓰비시자동차도 태국에서 생산하는 소형차를 일본으로 역수입하는 방안을 고려하고 있다.

2011년 일본 기업의 해외 기업 인수합병(M&A)은 609건에 684억 달러로 사상 최대였다. 금액 기준으로는 2010년보다 78% 늘었다. 재정 위기로 유럽은 해외 기업 M&A가 22% 줄어든 것과 대비된다.

M&A 대상도 폭넓어졌다. 과거에는 주로 미국과 유럽 기업에 집중됐지만 2000년대 후반 들어서는 아시아 중동 남미 등 고성장 신흥 경제국으로 확대되고 있다. 2011년에 성사된 M&A 중 중국, 인도, 싱가포르 등 아시아 기업이 43%를 차지했다. 10년 전 47%였던 북미 기업은 2011년에는 24%로 줄었다.

개별 기업 차원에서는 해외 진출이 현명한 답이다. 경쟁 기업을 인수해 '글로벌 톱'이 될 수 있고, 해외에서 부품을 조달하고 완성품을 만들어 수출함으로써 엔고를 회피할 수도 있다. 하지만 개별 기업의 해외 이전 선택이 전체적으로 보면 일본 국내 산업의 공동화를 낳을 수 있다. 산업 공동화는 일본 내 일자리를 줄이고 실업률을 높인다. 돈을 벌지 못하니 소비가 줄어들고 일본 내수 시장이 더 침체에 빠질 수 있다.

전국경제인연합회가 2011년 12월에 내놓은 '일본 산업공동화와 시사점' 보고서에 따르면 일본 제조업의 일본 내 설비투자 대비 해외 설비투자 비중은 2009년 42.0%에서 2010년 55.0%로 증가했다. 2011년에는 74.2%로 대폭 늘어날 것으로 예상했다. 엔화 초강세의 영향이 크다.

보고서는 부품·소재 등 중간재 제조업의 해외 이전이 이어지면 일본이 2015년 무역적자 구조의 경제 체제로 전락하고, 2020년에 총 475만 명(제조업 301만 명, 서비스업 174만 명)의 고용이 줄어들 것으로 전망했다.

일본 현지 기업들도 산업 공동화 문제를 심각하게 느끼고 있다. 일본『산케이신문』이 주요 기업 116개 사를 대상으로 2011년 12월 중순에 실시한 설문조사 자료에 따르면 산업 공동화에 대해 "그다지 우려가 없다"는 응답은 1%에 그쳤다. 반면 54%는 "일어날 가능성이 있다", 27%는 "이미 진행 중이다"고 답해 80% 이상이 공동화를 인정했다.

이 신문은 "엔고에 대응해 해외 조달이 상당히 진행되고 있어 공동화는 수면 아래에서 상상 이상으로 진행되고 있다", "전력 부족의 장기화 등 악조건이 개선되지 않으면 더욱 가속화될 우려가 있다" 등과 같은 기업 의견을 덧붙였다.

올해 해외 사업 계획에 대해선 68%가 '확대'라고 답했다. '축소'는 1%, '예년 수준'은 8%에 그쳤다. 설문에 답한 회사 스스로가 해외 사업을 늘리면서 산업 공동화를 불러오고 있는 셈이었다.

해법을 찾아

한국 기업들도 일본의 이러한 상황을 강 건너 불구경하듯 있을 수 없다. 한국 역시 일본과 비슷한 처지이기 때문이다. 해외 투자를 활성화하면서도 자국 산업의 공동화를 막을 방법은 없을까.

2011년 7월 일본 외무성 초청으로 동일본 대지진 복구 현장을 열흘 동안 살피면서 방문한 한 일본 기업이 해결책의 단초를 제공할 수 있을 것이라고 생각한다. 액정가공회사인 구라모토(倉元)제작소를 방문한 것은 2011년 7월 14일이었다. 미야기(宮城) 현 구리하라(栗原) 시에 본사가 있는 구라모토 제작소는 내륙에 위치한 덕분에 쓰나미 피해를 겪지 않았지만 지진 피해가 컸다. 공장 천장이 내려앉고 기계들이 부서졌다. 정밀 가공을 위한 클린룸도 파괴됐다. 지반이 뒤틀리면서 건물 여기저기에 금이 갔다. 피해액은 13억5,000만 엔. 하지만 사장과 전 사원이 복구 작업에 들어가 지진 발생 2개월 후인 5월부터 생산을 재개하고 있었다.

스즈키 사토시(鈴木聰 · 42) 사장은 한국에서 온 기자단을 맞아 준비 자료를 파워포인트로 설명했다. 슬라이드가 몇 장 넘어가고 나서 기자의 눈을 사로잡는 문장이 있었다. '회사의 설립 목적: 지역 고용의 창출.' 10년 이상 기자 생활을 하며 무수히 많은 기업인들을 만났지만 설립 목적을 고용에 둔 회사는 처음이었다.

스즈키 사장을 따로 만나 "설립 목적이 정말 고용 창출이 맞느냐"라고 물었더니 그는 "맞다. 이는 창업자인 아버지가 내세운 것으로 1975년 회사 설립과 함께 변함없이 이어지고 있다. 본사가 있는 구리하라 시는 시골인데다 바다와 인접해 있는 곳도 아니기 때문에 지역민들이 일자리 찾기가 쉽지 않다. 그래서 우리 회사는 지역 고용을 창출하는 게 최대 목적이다"고 말했다.

"제조업의 경우 기계화할수록 사람이 없어도 된다. 고용 창출하려면 기계화를 포기해야 하지 않느냐"고 재차 물었더니 "기계화를 해도 기계를 돌

리는 사람이 필요하다. 남는 사람이 있다면 품질 검사나 원자재 확인과 같이
사람만이 할 수 있는 분야로 보낸다"는 답이 돌아왔다.

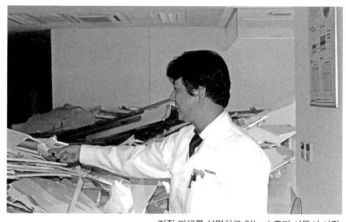

지진 피해를 설명하고 있는 스즈키 사토시 사장.
"카메라를 봐달라"고 수차례 요청했지만 그는 "쑥스럽다"며 정면을 바라보지 않았다.
젊은 나이에 가업을 승계하여 임원들보다 10살 이상 어렸다. 최고경영자다운 위엄은
보이지 않았지만 유머 감각이 탁월해 상대방을 편안하게 해줬다.

구라모토제작소의 중장기 목표는 '최소 100년을 유지하는 회사'다. 고용
창출을 설립 목적으로 삼을 정도니 직원이 스스로 떠나지 않는 한 강제로 구
조조정을 하지 않는다. 구조조정 없이 100년을 유지하기 위해서는 항상 회
사가 성장하지 않으면 안 될 것이다. 이 때문에 최고경영자(CEO)를 포함해
전 임직원이 항상 긴장해서 일하고 있는지도 모르겠다. 구라모토제작소는
월 매출액 80억 엔을 올리는 상장기업으로 일본 내 탄탄한 중견 기업으로 자
리잡고 있다.

엔화 초강세를 피해 해외 투자를 늘리고 있는 일본 기업들도 '국내 고용
창출'을 최대 목표로 삼는다면 어떨까 생각해본다. 엔고 시대에 사람의 손이
많이 필요한 공장은 당연히 해외로 옮겨야 한다. 그 대신 옛 공장을 고부가
가치 산업용으로 재가공해 과거 노동자들을 흡수할 수 있도록 만들어놓는

것이다. 이 과정에서 초창기 시설 투자비가 들 수 있다. 7건 해외 이전을 통해 절약되는 인건비, 엔고 회피를 통한 환율 차익 등을 미리 당겨쓴다고 여기면 되지 않을까.

기업 현실을 모르는 뜬구름 잡는 소리일 수 있다. 하지만 구라모토제작소의 스즈키 사장을 만난 후에는 '이상(理想)도 현실(現實)이 될 수 있다'는 믿음이 생겼다.

9장

그러나 바뀌지 않는 정치

동일본 대지진이 일어난 지 약 한 달이 지난 2011년 4월, 간 나오토(菅直人) 전 총리의 지시로 '동일본 대지진 부흥 구상 회의'라는 조직이 만들어졌다. 전례 없는 재앙을 어떻게 극복할지 밑그림을 그리는 두뇌 집단이었다.

이 조직을 이끄는 좌장은 이오키베 마코토(五百旗頭眞) 방위대 총장. 2011년 7월 12일 도쿄 외무성 사무실에서 그를 만났다. 넥타이 없는 줄무늬 와이셔츠를 입은 덕분에 편안한 느낌을 주었다. 이오키베 총장은 "4월 5일 간 전 총리가 휴대전화로 전화를 해왔다. 의장을 맡으라고 했지만 방위대 총장직과 겸임은 힘들다고 생각했다. 하지만 전 세계가 주목하는 가운데 어떻게든 부흥을 이뤄야겠다는 생각으로 의장직을 수락했다"고 말했다.

부흥을 위한 회의를 주재하며 그는 여당뿐 아니라 야당 지도자들도 만났다. 지진과 쓰나미 피해를 입은 동일본을 '복구' 차원을 넘어 '부흥'하게끔 만들기 위해서는 여야의 초당적인 협력이 필요하다고 수차례 강조했다. 당시 정치인들은 모두 "정치와는 별개로 부흥에 협조하겠다"고 약속했다.

하지만 여야의 협력은 실망스러웠다. 초창기 구조 활동과 부흥 재원을 위한 두 차례 추가경정예산 말고는 협력하는 모습이 크게 눈에 띄지 않았다. 오히려 당시 총리였던 간 나오토 씨는 그해 8월 여야 동시 압력으로 인해 사퇴했다. 1년 2개월의 단명(短命) 총리가 또 탄생한 것이다.

이오키베 마코토 부흥구상회의 의장 겸 방위대 총장
그는 간 나오토 전 총리의 전화, 국가 비상사태에서도 간 총리가 졸업식에 와준 이야기,
부흥 계획을 짜는 데 대한 어려움 등을 나직하면서도 단호한 목소리로 설명했다.

그의 지지율이 출범 초기 80%에 육박하다가 10%대로 추락하긴 했지만 국가적 비상 시기에 최고 수장을 바꾼다는 것은 쉽게 이해하기 힘들다. 강을 건널 때는 말을 바꿔 타지 않는 법이다. 간 전 총리의 퇴임 시점은 동일본 대지진으로 인한 피해 복구가 겨우 실마리를 찾았을 뿐이고, 원전 사고 피해는 아직 확산되는 중이었다. 일본은 사상 초유의 엔화 강세에 시달리고 있었고 국내총생산(GDP)의 2배가 넘는 국가 채무도 해결해야 했다. 이런 와중에 총리가 교체되다니….

다시 이오키베 총장 이야기로 돌린다. 대지진이 발생한 지 9일이 지난 3월 20일, 방위대 졸업식이 있었다. 매번 총리가 참석했지만 때가 때인지라 못 올 것으로 예상했다. 그런데 간 전 총리가 모습을 드러냈다. 이오키베 방위대 총장은 깜짝 놀라 "국가 비상 상황인데 이 졸업식에 와도 되느냐"고 물었다. 그러자 간 전 총리는 "시민운동가 출신인 나로서는 지금까지 자위대의 필요성을 못 느꼈다. 하지만 동일본 대지진을 통해 자위대를 다시 보게 됐다. '어떻게 해서든지 조치를 취하라'고 주변에 다그쳤지만 뭔가 가능했던 곳은 자위대밖에 없었다. 거기에 대한 감사함을 표시하고 싶다"고 말했다. 동일본 대지진 때 2만6,000명이 구조됐는데 그 중 1만9,200명을 자위대가 교통 두절 속에서도 살려냈다. 이오키베 총장에 따르면 졸업식은 간소했지 만 무척 감동적이었다고 한다.

한국에서 북한 정권 변화나 '리먼 쇼크'와 같은 경제 위기가 닥치면 대통 령 주재 비상대책회의가 마련된다. 대통령은 전권을 쥐고 사태를 진두지휘 한다. 간 전 총리가 느꼈던 무력감은 있을 수 없다. 게다가 국가적 위기 상황 에 임기를 채우지 못하고 퇴임하는 것은 상상할 수도 없는 일이다.

동일본 대지진은 국민들의 가치관과 생활 방식을 바꿀 정도로 일본 사회 에 큰 영향을 미쳤다. 하지만 일본의 정치 행태는 예전 그대로다. 일본 사회 의 문제점을 논하다 보면 결국 '정치적 리더십 부재'로 귀결될 정도로 일본 정치는 많은 문제를 안고 있다. 국제 신용평가사 무디스가 2011년 8월 일본 의 국가 신용 등급을 하향하며 그 이유로 "리더십이 없다"고 밝힐 정도다. 1 년이 멀다 하고 총리가 바뀌는 리더십 부재가 경제는 물론 사회 전반에 부담 을 주고, 이는 다시 정치를 압박하는 악순환이 반복되고 있다. 일류 경제국 가가 삼류 정치를 하는 이유가 뭘까.

일본 정치사 3개 변곡점

일본 정치의 구조적 문제점을 파악하기 위해서는 메이지유신 이후 일본 의 근대 정치 체계가 구성돼온 과정을 살펴봐야 한다. 특히 3가지 주요 변곡 점이 일본 정치에 크게 영향 미쳤다.

① 의원내각제 선택

1868년 메이지유신 이후 일본은 탈아입구(脫亞入歐)를 제시한다. 아시아를 벗어나 서구 사회를 지향한다는 뜻이다. 이때 도입한 정치모델이 바로 의원내각제다. 1885년 12월 이토 히로부미(伊藤博文)는 초대 총리가 됐다.

하지만 당시 외형만 의원내각제를 갖췄을 뿐 실제는 덴노를 보필하는 존재에 불과했다. 당시 메이지 정부는 덴노를 신격화해 자신들의 개혁을 이끌고자 했다. 따라서 덴노는 인간이 아니라 신이었다. 그런 상황에서 총리는 실질적인 힘을 가질 수 없다. 여기에서 일본식 의원내각제의 '허약한 총리'라는 태생적 한계가 엿보인다.

의원내각제는 다수당의 대표가 총리가 되고, 그 총리가 내각을 구성해 행정을 담당한다. 의회 다수당이 정권을 잡기 때문에 총리와 각료는 의원을 겸직한다. 입법부(의원)와 행정부(내각)가 하나로 융합돼 있는 것이다.

국민이 뽑은 대표인 의원이 곧 내각 대신(大臣: 한국 각 정부 부처의 장관격)이 되고, 총리는 여당의 대표이자 내각 대신의 우두머리다. 잘만 하면 무척이나 효율적인 정치제도다. 국민의 대표가 곧 정책을 입안하고 통과시키며 집행도 하기 때문에 능률적이고 적극적인 정책을 수행할 수 있다. 영국이나 독일의 예에서 볼 수 있듯 원래 의원내각제는 강한 내각을 전제로 하고, 총리는 여당 의원과 관료에 대하여 절대적인 지휘권을 가진다. 하지만 일본의 의원내각제는 태생부터 약한 총리 모델이었다. 의원내각제 원래 의미에서 많이 벗어난 셈이다.[1]

1945년 종전 후에도 총리는 내각의 지휘통제권을 지닌 것이 아니라 각 대신의 우두머리 역할에 불과했다. 2009년 '정치 주도'를 내세우며 민주당 정권이 들어섰지만 총리가 내각을 지휘할 수 있는 권한은 대신 임면권뿐이었

---

1) 2012년 1월 10일 『국민일보』에 게재된 성공회대 일본학과 양기호 교수 칼럼 '일본 정치와 하시모토 현상'.

다. 각 성청(省庁: 일본 중앙 관청의 총칭. 한국의 부[部]와 청[廳]에 해당)의 이익을 대변하는 대신이 총리의 말을 듣지 않으면 파면하는 것 외에는 다른 수단이 없다.

하지만 일본은 의원내각제의 장점을 제대로 살리지 못하면서도 단점은 고스란히 물려받았다. 의원내각제 아래에서 소수당은 정권을 창출하기 불가능하다. 54년간 장기집권을 해온 자유민주당(이하 자민당)의 경우 자민당 내 계파 싸움으로 수상이 바뀌긴 했지만 다른 정당으로 권력을 넘겨주지 않고 독점했다. 훨씬 대안적이고 건설적인 정당이라고 하더라도 소수당이라면 정치적 영향력이 극히 미약하다.

다수당이 없거나, 있더라도 과반수 의석을 확보하지 못하면 정국이 불안정해진다는 것도 큰 단점이다. 과반수 의석을 위해 정당이 서로 헤쳐모여 연립정당을 만들어야 내각을 구성할 수 있다. 자민당은 1993년 총선 이후 거의 단독 과반수를 채우지 못했기 때문에 공명당 등과 연립 없이는 자력으로 정권 유지를 할 수 없었다.[2] 정치적 노선이 다른 정당과 정략적 거래를 하다 보면 국민의 의사가 제대로 반영되기 힘들다. 또 연립정권에 대항하겠다고 물밑에서 다른 정당들끼리 이합집산하다 보면 정국이 불안정해질 수밖에 없다.

한편 의회는 내각이 정치를 제대로 하지 못한다고 판단될 때 '내각 불신임'을 할 수 있다. 동일본 대지진 이후 야당인 자민당은 간 총리가 대지진과 후쿠시마(福島) 원전 사고를 제대로 수습하지 못했다는 이유로 간 총리에 대해 내각 불신임을 결정한 바 있다. 간 총리는 내각 불신임 표결 위기를 막기 위해 스스로 자리에서 물러났다. 하원격인 중의원[3] 과반수 이상이 불신임안에

---

2) 자민당은 2005년 총선에서 압승했는데 이는 자민당 하락 추세에서 예외적 현상이었다.

3) 일본의 의원은 중의원과 참의원으로 구성된다. 임기 4년의 중의원은 하원 격인데 도중에 해산될 수도 있다. 참의원은 상원 격이고 해산이 불가능하며 임기는 6년이다. 중의원과 참의원의 의견이 다를 경우는 중의원의 결정이 우선된다. 즉, 중의원은 참의원보다 덜 안정적이지만 국회 내에서의 권한은 더 크다. 이 때문에 중의원 다수당의 대표가 총리가 된다.

차성하면 총리직에서 물러나야 하기 때문에 여당이 숫자에서 야당을 압도하지 못하면 언제든 공격의 대상이 된다. 이에 반해 내각은 '의회 해산권'과 '법률안 제안권'을 갖는다. 이는 내각과 의회 사이의 견제를 위해 만들어졌다.

②자민당 집권, 그리고 경제성장

1945년 패전 이후 일본은 공황 상태였다. 신으로 모셨던 덴노는 인간임을 선언했다. 전쟁에 나갔던 남자들이 귀국하면서 실업자가 넘쳤다. 경제 기반이 무너져 식량이 부족했고 만성적으로 인플레이션이 일어났다.

우선 경제를 일으켜 세워야 했다. 1950년 터진 한국전쟁을 계기로 경제 성장의 토대를 마련했다. 일본은 미국을 중심으로 하는 유엔군의 보급 기지로 대량의 물자를 조달하면서 '한국전쟁 특수'를 누리게 된다. 이는 1950년대 후반 고도성장으로 이어지는 발판이 되었다. 이때 나타난 정당이 자민당이다.

1955년 11월 자유당과 일본민주당이 보수연합이란 명목으로 합당해 자민당을 만들었다. 이듬해 4월 하토야마 이치로(鳩山一郎) 초대 총재를 선출했다. 자민당은 좌파 세력, 특히 사회당이 선거마다 세를 확대하고 있는 것에 대해 불안을 느낀 재계 및 보수 세력들이 연합해 탄생했다. 이 때문에 자민당은 '고도 경제 성장'이라는 역사적 임무에 충실했다. 특히 자민당, 관료, 재계의 '철(鐵)의 삼각 구조'를 짜 서로가 서로를 도우며 위로부터의 경제 이끌기를 시작했다.

관료는 일본의 고도성장을 이끌어온 핵심 주인공이다. 메이지유신 이후 일본은 이와쿠라 도모미(巖倉具視)를 단장으로 대규모 해외 시찰단을 2년간 보냈는데, 시찰단의 결론은 단기간에 부국강병을 이루기 위해 독일의 관료주의 체제를 받아들여야 한다는 것이었다. 그 후 일본의 인재들은 고급 관료로 진출했고 그들은 경제성장의 밑그림을 짜고 각종 기업 지원책을 마련했다. 특히 이들은 재벌을 집중 지원하고, 육성이 필요한 산업에 대해 카르

텔을 묵인해주면서까지 세계적인 기업과 싸울 수 있도록 여건을 만들었다. 자민당은 관료와 손발이 척척 맞는 파트너였다. 필요하다면 각종 규제를 만들어 다른 나라 상품이 일본에 들어오기 어렵게 만들었고, 외국과 정치적으로 협상해 수출의 장벽을 없애주기도 했다.

기업은 평생 고용과 연공서열형 임금을 통해 근로자들에게 든든한 울타리가 되어주었다. 평생토록 한 직장에서 근무하고, 연차가 높아질수록 임금도 높아지니 회사에 대한 충성도도 높아졌다. 가장(家長) 혼자 일을 해도 평생 가족을 부양할 수 있었다. 기업이 곧 사회 안전망인 셈이었다. 기업은 정치권 및 정부에 대해서도 정치 자금을 대고 융숭한 접대를 하면서 보답했다. 1994년 일본 기업이 쓴 접대비는 약 5조5,000억 엔으로 미국의 3배, 독일의 16배 정도였다.

자민당, 관료, 재계가 똘똘 뭉치면서 일본 경제가 빠르게 패전을 극복하고 세계 무대로 성장해갔다. 1954년부터 1959년까지 5년간의 국민소득은 6조5,917억 엔에서 11조233억 엔으로 67.2% 뛰었다. 연평균 10.83%의 증가율이었다. 1960년대 들어 일본은 경제 대국으로 자리 잡으면서 지속적으로 고속 성장했다.

등이 따뜻하고 배가 부르자 일본 국민들은 자민당에 큰 신뢰를 보였다. 이런 신뢰 덕택에 자민당은 54년 동안 집권을 이어올 수 있었다.[4] 1990년대 거품경제가 터지면서 자민당의 인기도 주춤했지만 2001년 4월 고이즈미 준이치로(小泉純一郎) 총리가 들어서면서 다시 인기가 급상승한다. 고이즈미 총리는 "개혁이 없으면 경기 회복도 없다"며 강도 높은 개혁 작업에 착수했

---

4) 자민당이 54년간 집권했다고 통상 말하지만 엄밀하게 보자면 자민당은 1993년 10개월간 야당으로 전락했다. 1993년 중의원 선거에서 자민당은 과반수 득표에 실패했고, 당시 자민당 장기 집권에 반발하는 8개 군소 정당들이 비(非)자민 연합정권을 만들었다. 자민당은 제1당이었지만 연합정권에 밀려 창립 이래 처음으로 야당이 됐다. 하지만 집권 경력이 없던 연합정권은 자중지란에 빠졌고 자민당은 1994년 6월 일본사회당, 신당사키가케 등과 연합정권을 구성하면서 다시 여당으로 복귀했다. 10개월 만이었다.

다 평생 고용 등 일본적 가치를 버리고 신자유주의에 바탕을 둔 무한 경쟁 중심의 개혁을 지휘했다. 예를 들면 파견 노동자를 제조업을 포함한 모든 산업에 허용하고 지방 정부에 대해 보조금을 줄여 지방이 자주적으로 재원을 확보하게끔 했다. 의료비에 대한 공적 자금 총액도 규제했다.

개혁의 성과가 나타나면서 일본 경제는 2001년부터 2007년까지 장기 호황을 맞기도 한다. 하지만 고이즈미식 개혁은 사회 양극화라는 큰 부작용을 낳았고, 이는 2009년 민주당에게 정권을 넘겨주는 결정적 계기가 된다.

③ 민주당 시대 개막

2009년 8월 30일은 일본 정치사에 새로운 획이 그어진 날이다. 이날 치러진 중의원 선거에서 제1야당인 민주당이 전체 480석 중 308석을 차지하며 정권교체를 이뤄냈다. 단일정당 사상 최다 의석을 올린 '압승'이었다. 이로 인해 1955년 이후 반세기 이상 계속돼온 '자민당 집권시대'는 54년 만에 막을 내렸다. 자민당 의석수는 기존 300석에서 119석으로 줄었다.

선거 승리를 이끈 하토야마 유키오(鳩山由紀夫) 민주당 대표는 차기 총리로 지명됐다. 일본은 상원격인 참의원과 하원격인 중의원이 있는데 중의원 선거의 다수당 당수가 총리로 지명된다. 민주당은 하토야마 대표의 지역구인 홋카이도(北海道)는 물론이고 도쿄에서도 대부분 지역구를 석권하는 등 일본 전역에서 자민당을 압도했다.

민주당은 1996년 9월에 만들어진 비교적 신생 정당이다. 하토야마 유키오, 간 나오토 등이 관료 의존적 정치 타파를 내걸고 종전에 몸담고 있던 신당사키가케를 탈당하면서 민주당을 만들었다. 여기에 민정당, 신당우애, 민주개혁연합 등이 합류하면서 현재의 민주당 체제로 정비됐다.

13년밖에 되지 않은 민주당이 정권교체를 할 수 있었던 원동력은 민주당 내부 역량이라기보다는 자민당 정권에 대한 분노였다. 특히 전후(戰後) 보기 드물게 5년 5개월이나 장기 집권한 고이즈미 정권의 구조 개혁 모순에 대한 국민들의 경고였다. 고이즈미 정권의 개혁 이후 대기업의 수익률은 크게 올랐지만 일본 사회의 고용과 사회 보험을 지탱하던 기둥들이 잘려나가 사회 파탄이 줄을 이었다. 특히 잉여의 시대에 아사(餓死)하는 사람이 나타났고, 자살자가 크게 늘었다. 구조조정이 한창이었던 2003년 자살자 수는 3만 4,000명으로 사상 최고를 기록했다. 도시와 지방 간의 격차가 심해지고, 농촌이 피폐화했다. 많은 구직자들이 비정규직으로 전락하면서 기업이 담당하던 사회 안전망 기능이 점차 사라졌다. 거기에 2008년 '리먼 쇼크'가 터지면서 일본 국민들의 생활은 크게 후퇴했다.

민주당은 '새로운 일본'을 전면적으로 내세웠다. 자민당의 개발 우선 정책으로 인해 일본 내 사회 안전망이 무너진 점을 감안해 각종 복지 정책을 내놨다. 아동 수당을 월 2만6,000엔 지급하고 국공립고교 수업료 무료, 고속도로 통행료 무료, 농가 보조금 등이 대표적인 예다. 민주당은 당초 토목 예산을 대폭 줄이고 공무원 인건비 감축 등 구조조정을 실시해 재원을 마련할 수 있다고 했다. 고속도로 무료 통행이 지역 관광을 활성화하고, 아동 수당과 고교 무상교육은 저출산 극복과 소비 진작에 도움을 줄 것으로 예측했다.

일본 사회의 병폐가 관료 시스템에서 나온다고 보고 민주당은 '정치인 주도'로 국정시스템을 바꿨다. 민주당은 여당 의원 100명을 각 부처에 대신(장관), 부대신(차관), 정무관으로 투입해 관료 조직을 장악했다.

정부 운영의 핵이던 사무차관회의도 폐지했다. 사무차관은 직업 관료의 최고위직이다. 이들은 각료회의(한국의 국무회의에 해당) 하루 전에 사무차관회의를 열고 안건을 조율했다. 사무차관회의에서 조정되지 않은 안건은 각료회의에 올라가지 못했기 때문에 사실상 국가 정책을 사무차관들이 좌지우지했다. 의원내각제를 확정한 다음해인 1886년에 시작됐으니 113년이나 존속됐다. 민주당은 사무차관회의를 폐지하는 대신 정치인 장관들이 참

여하튼 각료위원회를 활성화했다. 과거 자민당 시절의 정책과 거리를 두고
자 하는 기색이 역력했다.[5]

일본 정치의 특징

① 정치 리더십 부재

일본 정치의 가장 큰 문제점은 '리더십 부재'다. 리더십이 없다보니 중요
한 의사결정을 하지 못한다. GDP의 2배에 이르는 일본의 국가 부채가 방치
된 것은 정치적 결단이 없었기 때문이다. 지금까지 정치적 부담을 무릅쓰고
재정 건전성 확보 조치를 뚝심 있게 밀어붙인 정치 리더가 없었다. 간혹 재
정 건전성이라는 화두를 꺼내기도 했지만 사회적 저항에 곧장 꼬리를 내렸
다. 그때마다 항상 총리직에서 자진 하차했다.

〈그림 1〉 일본 정당별 의석분포 (단위: 석)

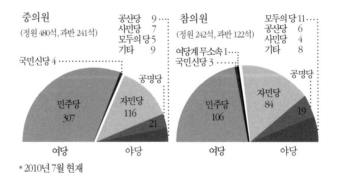

* 2010년 7월 현재

5) 하지만 민주당의 주요 정책들은 시간이 지나면서 대폭 수정된다. 2011년 7월 21일 민주당
의 오카다 가쓰야(岡田克也) 간사장은 국민 앞에 고개를 숙였다. 2009년 총선거 때 정책의 필
요성이나 실현 가능성을 충분히 검증하지 못하고 공약을 제시한 데 대해 사과한 것이다. 아동
수당 지급, 고교 수업 무료 등 정책들이 기대했던 효과를 가져오지 못했고, 일부 정책들은 재
정상 문제로 시행되지 못했다. 사무차관회의도 사실상 부활했다. 2011년 9월 노다 요시히코
(野田佳彦) 총리는 공무원 출신의 사무차관이 참석하는 회의를 실시하기로 결정했다. 회의는
주 1회로 정례화했다. 노다 총리는 직접 주재한 사무차관회의에서 "정치인만으로는 세상이 잘
돌아가지 않는다. 각 부처의 지원이 필요하다"고 말했다. 처음 집권한 정당의 미숙함이 엿보
이는 대목이다.

노다 요시히코(野田佳彦) 일본 총리는 제95대 총리다. 1885년 첫 총리가 탄생했으니 각 총리는 평균 1년 4개월씩 재임한 셈이다. 고이즈미 준이치로(小泉純一郎) 전 총리가 2001년 4월부터 2006년 9월까지 장기 집권한 이후 6년 동안 6명의 총리가 바뀌었다. 워낙 자주 총리가 바뀌다 보니 2012년 1월 현재 총리인 노다 요시히코의 이름을 제대로 기억하는 한국인은 별로 없다.

총리가 자주 바뀌는 것은 여러 문제점을 낳고 있다. 먼저 정책의 지속성이 떨어진다. 간 총리는 대지진 발생 후 원전의 전면폐기를 공식 선언했다. 하지만 후임 노다 총리는 원자력 에너지의 중요성을 언급해 간 총리와의 원전 온도차를 보이고 있다. 노다 정권은 향후 원전을 추가로 건설하지는 않지만 보유 중인 54기 원전은 최대한 활용할 계획인 것으로 알려졌다. 총리가 바뀌면서 기업 법인세 부과를 둘러싼 정책이 오락가락하면서 외국 기업은 물론 일본 기업조차 자국 투자를 꺼리는 상황이 지속되고 있다.

외교적으로도 결례다. 한국은 2010년 11월에 주요 20개국(G20) 정상회의를 열었는데, 그 전부터 윤증현 기획재정부 전 장관을 중심으로 G20 재무장관들이 실무 회의를 열어왔다. 2010년 초만 해도 윤 장관의 일본 파트너는 간 나오토 재무상이었다. 하지만 그해 6월 간 재무상은 총리로 선출됐다. 윤 장관은 정상회의를 다섯 달 앞두고 새로운 일본의 재무상과 호흡을 맞춰야 했다. 당시 윤 장관은 "일본 총리가 너무 자주 바뀌어 누구를 상대로 이야기를 해야 할지 모르겠다"고 말했다.

간 총리는 2011년 5월 이명박 대통령과 중국 원자바오 총리를 초대해 대지진 피해 현장을 찾았다. 그 당시 간 총리의 지지율은 가파르게 떨어지고 있었고, 일본 야당은 총리 사퇴 공격을 벌이고 있었다. 같은 해 6월 일본 총리를 미국에 초대하려는 버락 오바마 미 대통령이나 국빈 자격으로 2011년 가을 방일을 검토 중인 이명박 대통령은 대화 파트너가 누구인지 몰라 힘들

없다는 후문이다

단명(短命) 총리의 단점이 명확히 보이는데도 왜 이런 현상이 반복되고 있을까.

먼저 태생적으로 '허약한 총리'임을 감안해야 한다. 1885년 의원내각제가 처음 실시됐을 때 총리는 덴노를 보좌할 뿐 실질적인 힘을 갖지 못했다. 그 이후에도 영국이나 독일의 총리와 달리 일본 총리는 여당 의원 및 관료에 대해 절대적인 지휘권을 발휘하지 못했다. 정치인과 관료를 이끌고 나가는 게 아니라 여러 이해관계자를 조율하는 역할에 머물다 보니 힘 있게 자신의 소신을 밀어붙이지 못했다. 특히 지지율이 떨어지면 야당으로부터 집중 공격을 받게 되고 총리로서의 발언에 힘이 실리지도 않았다. 결국 총리를 사퇴하거나 자신의 핵심 공약을 조건부로 제시한 후 그 조건이 충족되면 사퇴하곤 했다.

둘째, 총리 선출 방식도 문제가 있다. 다수당 총재가 자연적으로 총리가 되다 보니 다수당 내에서 권력 다툼이 치열했고, 결국 최대 파벌을 가진 보스가 종종 총리로 등극했다. 하지만 그는 정통성이 약하기 때문에 쉽게 흔들릴 수 있다. 게다가 국민이 무엇을 원하는지 고민하기보다는 자신의 계파를 어떻게 더 늘릴지 고민하기 마련이다. 현 총리에 악재가 발생하면 야당뿐 아니라 여당 내 다른 파벌에서도 공격이 들어온다. 만약 국민의 확고한 지지를 받아 선출된 총리라면 국민의 이름으로 정책을 소신 있게 밀어붙일 수 있을 것이다. 이런 문제점 때문에 2000년대 이후 일본에서 총리를 국민들의 직접 투표로 선출하자는 직선제 논의가 꾸준히 나오고 있다.

셋째, 일본에서는 총리 후보를 제대로 검증할 시간적 여유가 없다. 간 총리는 하토야마 총리가 돌연 사임을 발표한 지 이틀 만에 새 총리로 뽑혔다. 의원들만의 투표로 총리를 선출할 수 있기에 가능한 일이다. 워낙 짧은 시간에 새 총리를 뽑다 보니 야당이나 언론이 인물됨을 사전에 검증할 방법이 없다. 총리 취임 후 부적절한 전력이 나타나면 언론과 시민단체의 공격에 시달리다가 결국 하차하고야 만다.

이러한 특징들이 한데 어우러지면서 일본 총리는 2년을 채우지 못하고 단명하는 경우가 많다. 일본 정치인들 스스로도 '문제다'고 인식하고 있지만 개선할 수 있는 방도가 거의 없다. 답답한 노릇이다.

② 정경 유착과 비리

고인 물은 썩게 마련이다. 자민당이 54년간 장기 집권을 하면서, 더구나 자민당과 관료, 재계가 '철(鐵)의 삼각구조'를 짜 서로를 돕다 보니 정경 유착이 생겨나지 않을 수 없었다.

공공연한 비밀이었던 정경 유착은 1976년 총리가 뇌물을 받은 혐의로 구속된 '록히드사 뇌물 사건'으로 수면 위로 드러난다. 이 사건은 1976년 2월 4일 미국 상원 외교위원회 다국적기업 소위에서 록히드사의 회계 담당자가 신형 비행기 판매 공작 자금으로 일본 고위 공직자들에게 200만 달러의 뇌물을 주었다고 증언하면서 시작됐다. 당시 일본 총리였던 미키 다케오(三木武夫)는 정치 생명을 걸고 강력하게 조사했다. 제럴드 포드 미국 대통령에게 친서를 보내 자료를 제공해줄 것을 요청할 정도였다. 도쿄 지검도 형사책임을 묻지 않는다는 조건으로 공작금을 전달한 관계자에게 질의할 수 있도록 미국 측에 부탁했다.

마루베니상사 전무, 전일본항공(ANA) 사장 등이 체포된 데 이어 1976년 7월 다나카 가쿠에이(田中角榮) 전 총리가 체포됐다. 대형 제트 여객기 트라이스타를 전일본항공에 성공적으로 판매하게 된 데 대한 사례비로 1973년 8월부터 1974년 3월까지 5억 엔을 록히드사로부터 받은 혐의였다.

총리까지 검은 돈을 받은 사실이 알려지자 일본 국민들은 분노했다. 정치인에 대한 혐오도 상당했다. 하지만 정치인, 고위 관리들이 뇌물을 받는 문제는 이후에도 지속됐다. 규모도 더 커졌다.

1988년 리쿠르트 사건으로 다시 한 번 일본 열도는 크게 들끓는다. 정보 통신회사인 리쿠르트사가 계열 회사인 리쿠르트 코스모스의 미공개 주식을 정치인, 관료 등 유력 인사에게 싸게 양도해 한 사람당 수백만 엔에서 수천만 엔의 이익을 세금 없이 챙기게 해준 것이다. 주식을 받은 사람들은 당시 총리였던 나카소네 야스히로(中曾根康弘)를 비롯해 76명이나 됐다. 리크루트 사건 이후 일본 정계의 정경 유착을 끊으려는 움직임이 활발해졌다. 선거 제도 개혁이나 정치 헌금 규제를 강화하는 쪽으로 정치자금 규정법 개정이 잇따랐다.

1992년 교와(共和)리조트개발회사의 뇌물수수 사건, 같은 해 택배회사인 사가와규빈(佐川急便)의 거액 정치 자금 제공 사건 등 정경 유착 문제는 끝없이 터졌다. 그러는 사이 자민당의 인기는 땅에 떨어졌고 1993년에 실시된 선거에서 자민당은 의석은 크게 줄어든다. 1955년 이후 집권 여당이었던 자민당은 1993년 선거에서 야당 연합에 정권을 내주고 10개월 동안 야당으로 지냈다.

2000년대 들어서도 정치권의 돈 문제는 계속된다. 2007년엔 마쓰오카 도시가쓰(松岡利勝) 농림수산상(農林水産相)이 중의원 의원 시절 임대료 없는 의원회관에 사무실을 두고 있으면서도 해마다 2,000~3,000만 엔의 사무실 유지비를 챙겨간 것 등이 문제가 되자 중의원 숙소에서 스스로 목숨을 끊었다.

2011년 일본 정계 실력자 오자와 이치로(小澤一郎) 전 민주당 간사장도 불법 정치 자금 조성 의혹을 받고 있다. 2004년 건설업체로부터 4억 엔을 받아 토지를 샀다는 혐의다.

일본 정치권에 뇌물 수수 문제가 끊이지 않는 것은 일본의 정치 구조와 상당 부분 관련 있다. 국민이 투표를 통해 총리를 뽑는 게 아니라 여당의 대표가 자연적으로 총리가 되기 때문에 총리를 꿈꾸는 야심가는 파벌을 만들어 자신의 편을 최대한 많이 만들 수밖에 없다. 자신이 만든 파벌을 관리하고 의원들을 끌어오기 위해서는 당연히 돈이 필요하다. 다나카 가쿠에이 전 총리는 "정치는 돈과 머릿수"라고도 말했을 정도다. '총리가 돼 국정을 잘 다스릴 수 있는 능력'과 '총리가 되기 위해 필요한 능력'이 서로 다른 것은 일본 정치계의 비극이다.

전례 없는 재해, 하지만 변하지 않는 정치권

동일본 대지진은 일본의 많은 것을 바꿔놓았다. 개인주의적 가치관이 공동체 중심으로 바뀌면서 가족과 이웃의 중요성이 커졌다. 주택을 고르는 기준, 종교에 대한 생각, 에너지에 대한 시각이 크게 바뀌었다. 하지만 전례 없는 재해 앞에서도 일본의 정치권은 별 변화가 없었다.

대지진이 일어난 당일인 2011년 3월 11일, 일본 정치권은 즉각 '정치 휴전'을 선언했다. 제1야당인 자민당의 다니가키 사다카즈(谷垣禎一) 총재는 "정부가 전력을 다해주기 바란다. 우리도 협력하겠다"고 말했다. 공명당의 야마구치 나쓰오(山口那津男) 대표도 오카다 가쓰야(岡田克也) 민주당 간사장에게 전화를 걸어 야당으로서 재해 대책에 적극 협력하겠다고 말했다.

하지만 거기까지였다. 대지진 수습 과정에서 정파를 초월한 여야 협력은 잘 보이지 않았다. 대지진 발생 한 달 후 야당은 간 나오토 당시 총리 흔들기에 나섰다. "간 총리가 당장 퇴진하는 게 위기 극복을 도와주는 것이다", "간 내각 그 자체가 (일본에 있어) 대재해", "(간 총리가) 스스로 진퇴를 결정해야 할 시기가 됐다. 더 이상 지금 체제를 유지하는 것은 국민에게 극히 불행한 일이다", "위기 관리에서 가장 중요한 것은 크게 실패한 사령관을 바꾸는 일이다"…. 당시 야당 인사들이 간 총리를 향해 던질 말이다.

결국 간 총리는 2011년 6월 "대지진과 원전 사고 복구가 일정 궤도에 오르는 시점에 자진 사퇴하겠다"고 선언했고, 두 달 후 공식적으로 사퇴했다.

가 츠리이 뒤를 이어 노다 요시히코 총리가 탄생했지만 취임 당시 70%
내외를 보이던 지지율이 3개월 만인 2011년 12월에 30% 중반대로 내려앉았
다. 재정 위기를 막고 대지진 부흥 비용을 마련하기 위해 소비세(부가가치
세) 인상을 주장했지만 야당의 강한 반발을 받고 있다. 대지진 복구는 아직
진행 중이고, 후쿠시마 원전 사고도 수습되지 않았다.

일본 정부의 대지진 대처 수준도 낙제점이었다. 일본 정부는 원전 운영사
인 도쿄전력에 사고 수습을 맡겼다가 지진 발생 닷새 후에야 정부 차원의 통
합본부를 꾸릴 만큼 굼뜨게 대응했다. "방사능 오염 우려가 있으니 수돗물
사용에 조심해야 한다"고 발표하는 바람에 생수 대란이 일어나자 하루 만에
"인체에 유해할 정도는 아니다"고 말을 바꿨다.

후쿠시마 원전 사고 직후 미국 정부가 일본 정부에 대해 원전 반경 50km
이내 주민들의 대피를 조언했지만 일본 정부는 검증할 수 없다는 이유로 이
조언을 무시하고 20km 이내 주민 긴급 대피, 20~30km 주민은 옥내 대피를
지시했다. 하지만 사고 발생 한 달 뒤 원전에서 40km 이상 떨어진 후쿠시마
현 이다테무라(飯館村)에도 주민 대피 지시를 내려 빈축을 샀다.

일본 정부는 방사능 오염 지역 인근에서 수확한 모든 식품에 대해 검사를
하고 있고 매장에서 팔고 있는 모든 재료에 대해 원산지 표시를 하고 있다며
안전성을 강조하고 있다. 하지만 2011년 7월 방사능에 오염된 후쿠시마산
쇠고기가 일본 전역으로 유통된 바 있다. 사람들은 더 이상 정부 발표를 곧
이곧대로 믿지 않는다.

경제 대국 일본을 만들어낸 '매뉴얼 문화'는 대지진 앞에서 힘을 쓰지 못
했다. 지진 피해 지역 관공서 창고에 국내외에서 답지한 구호품이 쌓여 있지
만 이재민들은 물자 부족에 허덕여야 했다. 한시가 급한데도 당국이 통행 규
정이나 관련 매뉴얼에 집착해 제때 전달하지 않았기 때문이다. 외국 언론이
폭력 조직인 야쿠자만이 허가를 받지 않고 신속하게 구호 활동을 벌이는 유

일한 집단이라고 꼬집을 정도다.

기자도 보름 동안 동일본 대지진 현장에 있었지만 공무원들을 본 경험은 거의 없었다. 일본 각지에서 온 자원 봉사자들과 피해 주민들이 자체적으로 꾸린 임시 조직만 만날 수 있었다.

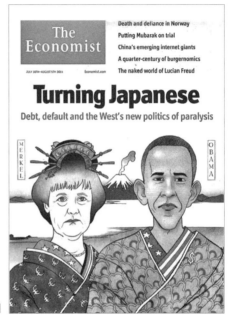

2011년 7월 이코노미스트의 표지

2011년 7월 말 영국 주간지 『이코노미스트』의 표지는 이색적인 삽화가 실렸다. 후지 산을 배경으로 미국의 버락 오바마 대통령과 독일의 앙겔라 메르켈 총리가 나란히 기모노를 입고 있는 모습이었다. 표지 제목은 '터닝 저패니스(Turning Japanese)'. 경제 위기에 제대로 대처하지 못하고 있는 두 국가의 정상을 "일본처럼 되고 있다"며 비꼬았다. 대지진과 원전 사고에 제대로 대처하지 못한 일본 정계와 정부로 인해 모든 문제의 대명사로 '일본'이 사용되고 있는 것이다.

변하지 않는 정치, 변하는 유권자

일본여론조사위원회가 2011년 12월에 일본 전역의 1,756명에게 정치에 대한 인식을 면접 조사했다. 그랬더니 일본 국민들의 85%가 일본의 정치 상황에 불만을 갖고 있는 것으로 나타났다. 아울러 65%는 정치상황이 앞으로 더 나빠질 것으로 전망했다.

같은 달에 『아사히신문』이 일반 국민 3,000명을 대상으로 총리 선출 방법에 대해 여론조사를 한 결과 응답자의 70%가 "내 손으로 총리를 뽑고 싶다"고 답했다. 직접 선거를 통한 총리 선출을 원하는 국민이 상당수인 것이다. 이 같은 조사들은 모두 일본인들의 뿌리 깊은 정치 불신을 보여준다.

현행 정치 구조상 국민들이 총리를 뽑을 수는 없다. 하지만 국회의원과 지사는 직접 뽑을 수 있다. 이에 따라 일본 국민들은 기존 정치권에 대한 실망을 투표로 보여주고 있다. 2011년 11월 27일에 열린 오사카부(大阪府) 지사와 오사카 시장 선거에서 일본 유권자들이 하시모토 도루(橋下徹·42) 전 오사카 지사가 이끄는 지역 정당 '오사카유신회'를 압도적으로 지지한 것이 대표적인 예다. 유권자들이 민주당과 자민당이라는 기성 정당이 아니라 지역 정당 후보에 몰표를 줬다는 것은 일대 사건으로 불릴 만하다.

하시모토 당선자는 임기 중 지사 자리를 내놓고 오사카 시장 선거에 출마해 당선됐다. 한국으로 치면 경남도지사를 그만두고 부산시장 선거에 출마한 셈이다. 그는 선거 공약으로 오사카도(大阪都) 구상을 내놓았다. 오사카부(大阪府)와 오사카시(大阪市)를 합쳐서 도쿄도(東京都)와 같은 광역권 도시를 만들자는 것이다. 자신이 오사카부 지사일 당시 오사카 시장이 통합안에 반대하자 지사 자리를 포기하고 오사카 시장에 출마하여 당선되었다. 오사카부 현 지사도 자신이 만든 정당 후보를 당선시켰다. 오사카도 구상은 국민의 이름으로 지지를 얻었기 때문에 앞으로도 힘 있게 추진될 것으로 보인다. 일본 정치권이 바뀌지 않는 한 유권자들의 심판은 계속될 것이다.

저자 후기

동일본 대지진과 관련된 책을 쓰겠다는 결심은 2011년 7월경에 했다. 당시 일본 게이오대학에서 1년간 연수를 시작할 때였다. 만 10년간 기자생활을 하며 매일 분초를 다투며 살아오다가 1년이라는 긴 시간 동안 재충전을 할 수 있는 기회를 가진 것이다. 뭔가 새로운 작업을 하고 싶었다. 그런 생각이 책 출간으로 이어지게 되었다.

하지만 막상 원고를 써보니 진도가 무척 더뎠다. 책 출간은 10년간 써온 기사와 완전히 달랐다. 글의 호흡이 길었고, 각종 자료도 철저히 조사해야만 했다. 동일본 대지진으로 인해 생긴 '변화'를 짚어내기도 힘들었고, 과거와 어떻게 달라졌는지 설명하는 작업도 쉽지 않았다.

그러던 중 2012년 1월 센다이의 한 서점에 들르며 '꼭 책을 출간해야겠구나'는 생각을 하게 되었다. 신간 및 화제의 책 코너에 5개 섹션이 있었는데 2개 섹션은 동일본 대지진 관련 책들로 채워져 있었다. 놀랍게도 상당수는 현직 기자들이 펴낸 책이었다. 역사적 사건을 그 누구보다 현장 가까이에서 경험했기 때문에 가능한 일이었을 것이다.

떠올려보면 나 역시 한국 기자 중에서는 동일본 대지진을 '진하게' 경험한 축에 속한다. 원전 문제가 부각돼 많은 한국 기자들이 철수할 때도 도쿄에 남아 계속 취재를 했었다. 그 후 운 좋게 일본에서 연수까지 하게 되었다. 그런 나만의 경험을 꼭 살리고 싶었다. 집필 작업에 속도를 냈다.

리쿠젠타카타에서 일주일 간 자원봉사를 한 점도 책 출간에 대한 의욕을 높였다. 2012년 1월 센다이에서 버스를 타고 3시간 반을 달려 리쿠젠타카타로 갔다. 동일본 대지진 당시 여러 현장을 취재했지만 마을이 형체조차 없이 사라진 리쿠젠타카타의 모습에 가장 마음이 아팠다. 그래서 작은 도움이 되고자 자원봉사를 떠났다. 일주일 동안 대나무를 잘라 불쏘시개로 만들고, 진흙 묻은 연하장을 닦아 주인에게 돌려주는 작업을 했다. 쓰나미로 움푹 들어간 해변을 평평하게 만드는 일도 했다. 날씨가 유난히 추웠지만 기분이 좋았다. 힘들다기보다는 '육체노동의 즐거움'을 맛보았다고나 할까. 아마 대지진과 쓰나미 피해주민들을 도왔다는 생각에 마음이 뿌듯해서 그랬을 것이다.

자원봉사 도중 여러 일본인으로부터 진심어린 환대를 받았다. 영하 10℃의 날씨에 한국에서 온 자원봉사자가 삽으로 땅을 파고 톱으로 대나무를 자르고 있으니 뭔가 동정심을 불러일으킨 것 같다. 여관 주인은 숙박료를 절반으로 깎아주었다. 일본인 자원봉사자들은 돌아가며 나를 차에 태워주었다. 같은 여관에서 지냈던 80대 할머니는 매일 아침, 저녁에 미소시루(味噌汁)를 끓여주었다. "손으로 짰다"며 행주를 선물로 주기까지 했다.

자원봉사를 끝마치기 직전 외국인 자원봉사자 단체(NICE)로부터 저녁식사 초대를 받았다. 미국, 홍콩, 태국에서 온 자원봉사자들을 만날 수 있었다. 그들은 3개월 계획으로 리쿠젠타카타를 찾았다. 모두 직장인이었지만 휴직을 하고 온 것이었다. 그 큰 결심에 마음속으로 박수를 보냈다. 미국과 태국에서 온 자원봉사자는 일본어를 전혀 하지 못했다. 하지만 봉사를 하는 데 언어는 전혀 장애가 되지 않는다고 했다.

많은 일본인들의 따뜻한 배려, 외국에서 온 자원봉사자들의 열기, 동일본대지진 발생 직후부터 1년간 현장을 오간 나만의 경험. 그런 것들을 모두 녹여 결과물을 만들어내고자 노력했다. 대지진이 미친 영향을 일본의 정치, 경제, 사회, 문화, 에너지 등 여러 분야에서 살펴보고 일본을 어떻게 바꾸고 있는지 취재했다. 일본 사회에 대한 전반적인 감을 잡기에는 무난한 책이지만 특정 분야를 깊게 파악하기에는 부족하다. 향후 대지진의 영향에 대해 더욱 미시적으로 파고들어간 서적들이 출간될 것으로 기대한다. 나 역시 꾸준히 일본에 관심을 가지며 더욱 전문적인 지식을 채워나가고자 마음을 다잡는다.